Gerhart Baum
Meine Wut ist jung

»Von seinem sanft-gewaltigen Willen gehe etwas in uns ein: von seinem Willen zum Schönen, Wahren und Guten, zur Gesittung, zur inneren Freiheit, zur Kunst, zur Liebe, zum Frieden, zu rettender Ehrfurcht des Menschen vor sich selbst.«

Thomas Mann, 14. Mai 1955 in Weimar – aus: Versuch über Schiller. Zum 150. Todestag des Dichters – seinem Andenken in Liebe gewidmet

INHALT

Für Renate

VORWORT – MEINE BEGEGNUNG MIT GERHART BAUM

Die erste Begegnung mit Gerhart Baum und seiner Frau Renate war ganz privater Natur. Meine Frau Monika Lüke hatte ihn über ihr gemeinsames Engagement zum Thema Menschenrechte kennen- und schätzen gelernt. Wir trafen uns privat zum Abendessen und verstanden uns sofort. Sympathie und Vertrauen dieses ersten Abends sollten der Anfang anregender und immer wieder von beiden Seiten sehr genossener Begegnungen werden.

Von einem Buch war da noch lange nicht die Rede, aber der 80. Geburtstag im Oktober 2012 machte Lust auf mehr, auf eine Bilanz eines politischen Lebens, das niemals abgeschlossen war. Bald überlegten wir Themenfelder, verabredeten uns in der Baumschen Dachwohnung in der Nähe des Savignyplatzes. Die Gespräche wurden intensiver, strukturierter und mir wurde rasch klar, hier entsteht etwas ganz Besonderes. Nach zwei, drei Stunden gingen wir meistens für einen kleinen Lunch um die Ecke. Zurückgekehrt, konnte schon mal eine kleine Zigarre die Entspanntheit symbolisieren, die eine solche Begegnung immer wieder und nicht nur intellektuell zum Vergnügen machte.

Nie habe ich einen Menschen getroffen, der so intensiv am kulturellen Leben teilnimmt. Er kennt die neuesten Filme, geht oft ins Theater und in die Oper, besucht Ausstellungen und Festivals und hat nicht zuletzt durch seine Frau Renate sein kulturelles Spektrum großzügig erweitert. Seine Begeisterungsfähigkeit ist ansteckend und ich habe mich manchmal wie ein Kulturbanause gefühlt, weil ich vieles im Gegensatz zu ihm verpasst habe.

Zusätzlich zu meinen vorbereiteten Fragen hatte Gerhart Baum immer wieder handgeschriebene Zettel dabei, die Nummern trugen und mit Ergänzungen, Vertiefungen, Zitaten oder Fakten versehen waren, die auf keinen Fall fehlen durften. Immerhin waren wir unterwegs durch viele Jahrzehnte Nachkriegsgeschichte bis in unsere Tage. Es gab kein einziges Treffen, wo wir das Band nicht anhalten mussten, weil Journalisten ein Interview führen wollten, nach einem Statement fragten oder ihn in eine Talkshow einluden. Mir wurde jetzt erst richtig klar: Gerhart Baum ist gefragt. Aber er mischt sich auch ungefragt ein. Mit Entsetzen verfolgte er den Absturz seiner Partei, die kaum noch einen wie ihn in seinen Reihen hat. Sozialliberale und linksliberale Ideen sind in einer Steuersenkungspartei nicht gefragt. Doch Gerhart Baum hat keine Lust auf die Rolle des passiven Zuschauers. Er meldet sich per Leserbrief, er schreibt Kommentare. Mit seiner Freundin Sabine Leutheusser-Schnarrenberger und auch Jüngeren in seiner Partei pflegt er einen regen Gedankenaustausch. Mit Hans-Dietrich Genscher telefoniert er fast täglich. Gerhart Baum bietet als kritischen Beitrag seine Einsichten an, ermutigt, mahnt zur Rückkehr liberaler Werte, unterdrückt nicht seinen Zorn und spricht dabei nicht wie ein Großvater, sondern eher wie Kassandra. Es erfüllt ihn mit Genugtuung, dass seine Rolle in und für die Partei wieder stärker wahrgenommen wird.

Baum ist Baum. Er hat sich nie von dem Glauben verabschiedet, dass Politik etwas verändern kann. Dass man nicht schweigen darf, denn wer schweigt, kann sich auch schuldig machen. Politische Leerformeln sind nicht seine Sache. Immer wieder fragt er, ob man das nicht besser und zugespitzter, mutiger formulieren kann. Mit Respekt erkenne ich bei jeder Begegnung: Er hat sich nicht verbiegen lassen. Er weiß, auf welcher Seite er steht.

Gerhart Baum verkörpert mehr als ein halbes Jahrhundert Zeitgeschichte. Wer ihm gegenübersitzt, spürt rasch: Hier spricht einer, der weiß, was er sagt. Einer, der was zu sagen hat, der noch immer gefragt wird. Gerhart Baum gehört zu denen, deren Stimme zählt, auch wenn sie sich längst als Privatperson und kritische Zeitgenossen zu Wort melden. Was in diesem Land und weit darüber hinaus politisch entschieden wird, was gesellschaftlich jeden Einzelnen von uns betrifft, bewegt ihn genauso wie in den Jahren seiner aktiven Zeit in Partei und Regierung. Für die Grundrechte einzutreten, eine menschliche Gesellschaft mit aller Kraft zu ermöglichen und zu verteidigen, ist für Gerhart Baum noch immer erste Bürgerpflicht. Hier kennt er, der so differenziert zu argumentieren weiß, keine Kompromisse. Oder besser gesagt, hier entlarvt er alle noch so raffinierten Ausflüchte. Diese Überzeugung vermittelt er jedem, der mit ihm zu tun hat. Und je länger man mit ihm spricht, umso deutlicher wird: Hier hat jemand aus seiner eigenen bewegten Geschichte und der unseres Landes gelernt.

Wer wie er die Anfänge unserer Republik als junger Mensch miterlebt und sehr bald auch mitgestaltet hat, weiß, was auf dem Spiel steht. Das Grundgesetz und die damit verbundenen Wege in eine freie Bürgergesellschaft sind für ihn Chance und Verpflichtung zugleich. Immer wieder wird deutlich, dass es ihm ein Anliegen ist, dies im Bewusstsein zu halten. Dafür lohnt es sich zu kämpfen. Gerhart Baum, der in diesem Jahr 80 Jahre alt wird, ist ein Mann mit großer Ausstrahlung und einem beneidenswerten analytischen Verstand. Wer ihn ruhig sprechen und lächeln sieht, spürt genau, was er meint mit dem Satz: »Meine Wut ist jung.«

Bei allem kritischen Diskurs über die wechselvolle Geschichte seiner Partei, über die Verpflichtung eines verantwortungsvollen Staatsbürgers oder das mit wacher Distanz zu verfolgende Handeln von Regierung und Verwaltung nimmt er auch mit dem Herzen Anteil an all diesen Themen. Immer wieder hatte ich nach unseren Gesprächen das Gefühl, es ist eine wunderbare Erfahrung mit jemandem zu sprechen, der Mut machen kann. Er hat die Fähigkeit, seine Zuhörer, seine Leser dafür zu begeistern, dass man seinen Überzeugungen treu und ein Leben lang ein politisch denkender Mensch bleiben sollte. Ich jedenfalls habe durch unsere Gespräche viel dazugelernt und bin mir sicher, das war nur der Anfang einer Reihe anregender Begegnungen, die uns noch oft zusammenführen wird.

Ich danke Renate Liesmann-Baum, Monika Lüke und Wolfgang Weismantel für ihre Unterstützung.

Berlin, im Oktober 2012
Matthias Franck

»WIR WOLLTEN, DASS DIE BARBAREI DER NAZIS SICH NIEMALS MEHR WIEDERHOLT«

KINDHEIT, JUGEND UND DER WEG IN DIE FDP

Was ist Ihre erste, prägende Erinnerung als Kind?

Auf den Fotos meiner Kindheit sehe ich mich geschniegelt und gebügelt neben meiner Mutter, einer sehr schönen, attraktiven Frau. Wir leben mit meinem Vater und meinen beiden jüngeren Geschwistern in Dresden und reisen gerne ins Erzgebirge, nach Bad Elster oder an die Ostsee. Doch als ich neun Jahre alt bin, verändert ein Ereignis mein Leben und es wird mir nie mehr aus dem Kopf gehen: die Abreise meines Vaters an die Front.

Er war Rechtsanwalt in Dresden und hatte sich geweigert, in die Kriegsgerichtsbarkeit zu gehen. Daraufhin wurde er eingezogen und als Schütze Baum am Hauptbahnhof in Dresden verladen. Meine Mutter, meine Geschwister und ich haben ihn dort verabschiedet. Das sehe ich heute noch vor mir, wenn ich in Dresden ankomme. Schütze Baum – feldgrau eingekleidet, mit Gewehr, Gasmaske und Gepäck, so ging er von uns. Abgesehen von einigen Urlaubstagen sollte es ein Abschied für immer werden. Ich ahnte nicht, was ihn erwartete. Ich wusste nichts von den Grausamkeiten des Krieges. Aber ich spürte, dass Schlimmes bevorstand. Vater wirkte todtraurig und ich hatte ihn von diesem Moment an als Vater verloren. Das ist meine Erinnerung.

Was bekamen Sie als kleiner Junge vom Krieg und dem Leben im NS-Staat mit?

Vom Krieg selbst haben wir in Dresden nicht viel gespürt. Bombensplitter waren eine Rarität. Wir sammelten sie wie Preziosen und legten sie in Watte gepackt in irgendein Döschen. Bis Februar 1945 blieb die Stadt ja weitgehend verschont. Doch es war keine heile Welt. Wir wussten, dass Krieg war. Auf Landkarten markierten wir Kinder den Frontverlauf mit Wollfäden und Stecknadeln – erst den Vormarsch und dann den Rückzug. Auch erinnere ich mich an Menschen, die einen Judenstern trugen. Zum Beispiel sehe ich noch ein älteres Ehepaar in Dresden im Park auf einer Bank. Viele Jahre später – bei der Lektüre der Tagebücher von Victor Klemperer – erinnerte ich mich an dieses Bild. Bei Gesprächen im Elternhaus war in dunklen Andeutungen von »Lagern« die Rede, in die Freunde der Familie gebracht worden waren. Bei einem Besuch der Familie der Großmutter in Lodz erfuhr ich von dem dortigen Ghetto.

Gelang es Ihrer Familie, sich der NS-Gesellschaft zu entziehen, oder war das im Alltag nicht möglich?

Sich entziehen – das war natürlich nicht wirklich möglich. Schon in der Grundschule mussten wir den Lebenslauf von Hitler auswendig lernen. Später im Vitzthum'schen Gymnasium war die Indoktrination nicht so stark. Welchen Druck meine Eltern auszuhalten hatten, weiß ich nicht. Die Atmosphäre in meinem Elternhaus war liberal-großbürgerlich. Um die Lebensumstände kurz zu umreißen: Mein Vater hatte eine angesehene Kanzlei am Altmarkt. Die Familie bewohnte eine großzügige Wohnung am Münchner Platz. In der Prager Straße besaßen wir ein Geschäftshaus. Die auf den Höhen über Dresden gelegene wunderschöne Jugendstilvilla meines Großvaters ging in der Inflation der 1930er-Jahre verloren. Mein Großvater war sehr geachtet als königlicher Geheimrat und Anwalt in Dresden und ist im Ersten Weltkrieg gleich zu Beginn gefallen.

Als ich zehn Jahre alt wurde, musste ich zum sogenannten Jungvolk, obwohl meine Mutter mich gern ferngehalten hätte. Also musste ich exerzieren und an Geländespielen teilnehmen. Das alles waren Vorbereitungen zum Kriegsdienst. Kurz vor Kriegsende wurde ich als 12-Jähriger für den sogenannten Volkssturm – Hitlers letztes Aufgebot – gemustert. Nach dem Angriff auf Dresden wurde daraus nichts mehr. Sehr gut erinnere ich mich an die Tage nach dem 20. Juli 1944, dem gescheiterten Attentat auf Hitler. Es gab eine große Kundgebung auf den Elbwiesen gegenüber dem Schloss. Eine Treuekundgebung mit dem Jungvolk und Tausenden von Leuten, die man zusammengekarrt hatte, um der sogenannten Vorsehung zu danken, dass Hitler überlebt hatte. Alle machten mit und ich verstand noch wenig von dem, was sich da wirklich abspielte. Die Massenaufmärsche aber waren mir zuwider wie auch die ganze Selbstdarstellung des Nazi-Regimes.

Wie erlebten Sie die Bombardierung Dresdens und den Verlust Ihrer Heimat?

Das Kriegsgeschehen war an Dresden ja eigentlich vorbeigegangen. Wir hielten den Krieg für so gut wie beendet. Umso einschneidender war dann der 13. Februar 1945, als in einer einzigen Nacht die ganze Stadt vernichtet wurde. Dresden wurde nicht durch punktuelle Bombardierung – wie andere Städte – im Laufe von Jahren zerstört, sondern in einer einzigen Nacht, auch durch die Entfesselung eines unvorstellbaren Feuersturms. Die Strategie der feindlichen Angreifer war, eben durch diese Feuerwalze die Stadt unbewohnbar zu machen, was auch gelang. Die meisten Menschen erstickten, weil sie keinen Sauerstoff mehr bekamen. Wir retteten uns im letzten Moment in den Luftschutzkeller, während unser Haus über uns niederbrannte. Das war Krieg pur und danach war nichts mehr so wie vorher.

Meine Mutter, ich und meine sechs Jahre jüngeren Zwillingsgeschwister verließen mit drei Koffern Dresden. Meine Mutter war

Russin, in Moskau geboren und mit ihrer Familie während der Revolution nach Berlin geflohen. Sie wollte mit den nun anrückenden Russen nichts zu tun haben. Aber sie bewahrte bis zu ihrem Lebensende ihre Identität als Russin. Vergeblich versuchte sie allerdings, mich für die russische Sprache zu begeistern. Ich sah damals für mich darin keinen Nutzen – leider.

Unser Fluchtziel waren Freunde in Bayern. Und so fuhren wir mit dem Zug unter Tieffliegerbeschuss zunächst nach München, wurden dort erneut von Bombenangriffen bedroht, und dann an den Tegernsee. Dort erlebten wir vorerst eine reine Idylle. Kein Krieg, »nur« zahlreiche Lazarette, später den Einmarsch der US-Truppen, die Besatzerzeit. Für die nächsten fünf Jahre wurde der Tegernsee meine Heimat. Ich entwickelte Sympathie für die bayerische Lebensart und fand unter den Mitschülern Freunde fürs Leben. Die Zeit der amerikanischen Besatzung habe ich in guter Erinnerung, auch wenn es eine Notzeit war: die Winter waren bitterkalt; wir hatten wenig zu essen und zu heizen, oft halfen nur Schulspeisung und Lebertran.

Womit verbinden Sie Ihren Neuanfang mit Mutter und Geschwistern am Tegernsee?

Wenige Wochen nach Kriegsende besuchte uns in unserer neuen Heimat ein Kamerad meines Vaters und brachte uns sein Soldbuch, seine Erkennungsmarke und ein paar persönliche Habseligkeiten. Meine Mutter rief uns Kinder zusammen und überbrachte die Nachricht, dass Vater tot sei. Ich war tief erschüttert. Doch zwei »Ersatzväter« halfen mir, zwei ganz unterschiedliche Typen. Einer der beiden war ein Freund meiner Mutter, ein weltläufiger, kunstbegeisterter Mann, der in Dresden den Malern der »Brücke« nahegestanden hatte. Fritz Naumann war Architekt und sehr an Musik interessiert. In Dresden hatte er regelmäßig Hauskonzerte veranstaltet. Der andere »Vaterersatz« war ein Privatgelehrter, ein hagerer, asketischer und ganz der Wissenschaft zugewandter Mann, der mich sehr geprägt hat und zu dem ich eine lebenslange Freundschaft hatte. Adolf Grote, geboren 1890, stand der Widerstandsbewegung nahe und war für kurze Zeit einer meiner Lehrer am neu gegründeten Gymnasium in Tegernsee. Ich erinnere mich, wie er versuchte, in der Schule 1948 eine Erinnerungsfeier für die ermordeten Widerstandskämpfer des 20. Juli 1944 zu organisieren. Diese wurde von der Schulleitung verboten und ich begriff, was das bedeutete: Die Nazis waren noch unter uns! Grotes wissenschaftliches Lebensthema war die Revision des deutschen Geschichtsbildes, das heißt, die Aufdeckung von Fehlentwicklungen, die zum welthistorischen Skandal des Hitlerismus führten. Dessen Ursachen waren aus Grotes Sicht nicht machtpolitische Zufälle, sondern Strukturfehler in der deutschen Geschichte bis hin zur Bismarck'schen Staatskonstruktion. Sein Hauptwerk erschien 1960 unter dem Titel »Unangenehme Geschichtstatsachen – Zur Revision des neueren deutschen Geschichtsbildes«.

Was haben Sie für sich selbst von Ihren »Ersatzvätern« mitgenommen?

Von Naumann viele musische Impulse und Lebensart. Von Grote Impulse auf zahlreichen intellektuellen Feldern. Da er eine riesige Bibliothek besaß, hatte ich schon früh Zugang zu vielen Büchern. Er prägte mich politisch. Zum Beispiel, indem er mir klarmachte, dass mit Revanchismus ein neues Europa nicht aufgebaut werden kann. Jahre später sollte mich diese Erkenntnis veranlassen, auf FDP-Parteitagen für die Anerkennung der Oder-Neiße-Grenze zu kämpfen. Er hat mich auch geprägt in Sachen Marktwirtschaft. Wir lasen die Bücher des sozialliberalen Wirtschaftstheoretikers Wilhelm Röpke. Grote stand dem Stefan-George-Kreis nahe. Wir lasen neben George auch viel Rilke und Hofmannsthal. Vor allem aber hat er mir Thomas Mann nahegebracht, der mit seinem Werk und als Repräsentant des anderen, des humanen und gesitteten Deutschland mich bis heute begleitet. Ich erinnere mich, wie Grote mir und meinem engsten Freund Franz Negele an kalten Winterabenden »Tonio Kröger« vorlas. Er hat mich später auch veranlasst, nach Lektüre des Doktor Faustus einen Brief an Thomas Mann zu schreiben. Dieser Roman interessierte mich besonders, weil er sich mit den Deutschen und ihrem Schicksalsweg bis hin zur Katastrophe auseinandersetzte. In gestelztem Schülerdeutsch gab ich meine Zweifel zum Ausdruck und meine Befürchtung, dass die Höllenfahrt des Doktor Faustus als eine deutsche Höllenfahrt noch nicht überwunden sei. Thomas Mann antwortete tatsächlich auf meine Zeilen, kurz, aber freundlich und zustimmend.

Beide väterlichen Freunde haben mich geprägt – jeder auf seine Weise. Sie verstanden sich auch untereinander gut. Grote an meiner Seite zu wissen, war ein besonderer Glücksfall, das spüre ich bis heute. Er hat auch meine musische Seite geweckt, meine Liebe zur Kunst und Musik, die Affinität zu Büchern, die mich später durch die Antiquariate streifen ließ. Und mein Interesse an Politik. Wir haben sehr viel über Politik diskutiert. Diese Gespräche haben mein Leben stark beeinflusst.

Wie ist Ihre Mutter mit der Herausforderung fertiggeworden, in dieser schwierigen Zeit für die Familie zu sorgen?

Sie war die verwöhnte Tochter eines russischen Fabrikanten, wuchs in einem Mädchenpensionat auf und hatte nichts gelernt, was beruflich verwertbar gewesen wäre. 1945 stand sie dann da mit drei Kindern, alles, was wir hatten, befand sich in drei Koffern. Bis zur Währungsreform ging es einigermaßen gut. Allerdings gab es Phasen, in denen wir wirklich hungerten. Meine Mutter musste Geld verdienen. Der Grundbesitz in Dresden, das Haus, alles war verloren. Doch Mutter erwies sich als lebenstüchtig und auch als finanziell sehr geschickt. Sie nutzte Möglichkeiten wie den Lastenausgleich und die Witwenrente. Weil das nicht reichte, um die Familie zu ernähren, übernahm sie eine Vertretung für medizinische Geräte und verkaufte in der ganzen Republik »Eiserne Lungen« an Krankenhäuser. Sie war eine sehr attraktive und kommunikative Frau.

Das half in einer männlich dominierten Welt. Während dieser Zeit hatte ich meine beiden Geschwister zu versorgen. Ich war sechs Jahre älter und sorgte dafür, dass sie in die Schule gingen, Schularbeiten machten, zu Bett gingen, aßen, all das, was eben Eltern machen. Das Geldverdienen vom Tegernsee aus wurde wegen der ländlichen, abgeschiedenen Lage schwieriger und meine Mutter zog 1950 mit uns und ihrem Freund Naumann nach Köln. Dort baute sie ein kleines Haus und begann eine Maklertätigkeit. Sie entwickelte Projekte mit Eigentumswohnungen. Im Großen und Ganzen erfolgreich, dennoch gab es Phasen der Existenznot. Aber sie war eine Kämpfernatur und gab niemals auf.

Was haben Sie von Ihrer Mutter für Ihren Werdegang mitgenommen und wie kam es dazu, dass Sie Jurist wurden?

Ich habe von meiner Mutter sicherlich ihre Zähigkeit und auch Lebenstüchtigkeit geerbt. Nach dem Jurastudium war ich erst als Rechtsanwalt in einer Kanzlei und dann als Mitglied der Geschäftsführung der Bundesvereinigung Deutscher Arbeitgeber tätig. Ab 1972 wurde ich Berufspolitiker. Meine anwaltliche Tätigkeit nahm ich Ende der 1980er-Jahre wieder auf. Aber letztendlich war mein Jurastudium ursprünglich eine Verlegenheitsentscheidung. Die familiäre Anwaltstradition von Vater und Großvater gab wohl den Ausschlag für diese Entscheidung.

Mit welchen Zielen verbanden Sie die Anfänge ihres politischen Engagements?

Ich war durch den väterlichen Freund Grote politisch hoch motiviert und wir hatten durchaus Zweifel, ob das »Projekt Demokratie« gelingen könnte. Als Student an der Universität in Köln trat ich dem Liberalen Studentenbund bei. Mir war der liberale Grundgedanke wichtig, auch die damals heftig umstrittene soziale Marktwirtschaft. Rasch stieg ich in eine Führungsrolle auf. Wir pflegten einen politischen Stammtisch und beteiligten uns an den Uni-Wahlen. Unser Gegenpol waren die Burschenschaften, die wir als Reaktionäre bekämpften. Ich erinnere mich noch an eine Veranstaltung, die wir zum damals sehr aktuellen Thema Wiederbewaffnung organisierten. Wir hatten den Ex-General Hasso von Manteuffel eingeladen und befürchteten, dass man uns die mit Besuchern überfüllte Mensa auseinandernahm. Da konnte ich früh mein Geschick als Versammlungsleiter erproben.

Warum führte Sie dieser Weg gerade in die FDP?

Ein guter Freund sagte, jetzt sei es doch eigentlich konsequent, in die FDP zu gehen, um auf politische Entscheidungen Einfluss nehmen zu können. Ich war zunächst dagegen, denn die FDP in Nordrhein-Westfalen war mir nicht geheuer. Sie war noch durchsetzt von braunen Netzwerken. Ich wurde deshalb erst einmal Mitglied der Deutschen Jungdemokraten, der Jugendorganisation der FDP. Auch hier wurde ich sehr schnell zum Vorsitzenden in Köln gewählt, der ich dann fünf Jahre blieb. Nach einiger Zeit hatte ich mich dann doch entschieden, der FDP beizutreten, obwohl die FDP in NRW immer noch keine durch und durch liberale Partei war. Die alten Nazis und ihre Sympathisanten waren noch einflussreich. Da gab es zum Beispiel schwarz-weiß-rote Fahnen bei Partei-Veranstaltungen. Aber ich orientierte mich an Persönlichkeiten wie Theodor Heuss, Reinhold Maier, Thomas Dehler und anderen herausragenden Liberalen in der ganzen Republik.

Und die anderen Parteien waren keine Alternative?

Die Sozialdemokraten waren auf strikt sozialistischem Kurs und mir von ihrem Programm her fremd. Die Christdemokraten in Köln waren sehr konservativ, sehr »katholisch«. Bei Kandidaturen wurden Protestanten benachteiligt. Die Konfessionsschule, gegen die meine Freunde und ich heftig angingen, wurde verteidigt. Also blieb mir nichts anderes als die FDP übrig, wenn ich politisch tätig werden wollte – und das wollte ich.

Was genau waren Ihre programmatischen Ziele?

Während der zehn Jahre, die ich Vorsitzender des Kreisverbandes der FDP in Köln war, habe ich nicht nur intensiv Kommunalpolitik betrieben, sondern den Verband auch in eine sozial-liberale Richtung geschoben. Ein Höhepunkt war die von uns 1969 mit betriebene Wahl Gustav Heinemanns zum Bundespräsidenten.

Wir wollten den Mief der Adenauerzeit beenden. Wir kämpften gegen autoritäre Strukturen, die überall in der Gesellschaft bis in Familien hinein noch lebendig waren. Ein Hauptanliegen war die neue Deutschland- und Ostpolitik. Wir haben den Vietnamkrieg abgelehnt und die Notstandsgesetze. All diese Themen, die viele junge Menschen damals beschäftigten, waren auch unsere. Wir hatten enge Kontakte zu Ralf Dahrendorf und zu Ulrich Klug, der später Justizsenator in Hamburg wurde und ein überzeugter liberaler Strafrechtslehrer war. Und natürlich zu den beiden liberalen Vordenkern Werner Maihofer und Karl-Hermann Flach, dessen Thesen für eine Reform des Kapitalismus unsere Zustimmung fanden. Zu Dahrendorf hatte ich immer wieder Kontakt bis zu seinem Tod im Jahr 2009. Er hat die Leidensgeschichte der Freiheit in Deutschland und den Nationalsozialismus als ein deutsches Phänomen sehr genau analysiert. Immer ermunterte er uns, konfliktbereit zu sein, auch auf den Parteitagen, wo wir oft für gemeinsame Ziele eintraten. Und wir suchten die Verbindung zu Liberalen in Hamburg, Bremen und in Baden-Württemberg. Uns trieb damals wirklich die Sorge um, der braune Ungeist könne in Gestalt neuer Rattenfänger – möglicherweise begünstigt durch eine Wirtschaftskrise – den demokratischen Aufbau der Republik infrage stellen. Die Bundesrepublik Deutschland war keineswegs so gefestigt wie heute. Dass dieses keine abseitige Meinung war, belegt die Rede, die Thomas Dehler 1966 unmittelbar nach Bildung der Großen Koalition im Deutschen

Bundestag gehalten hat. Er sagte: »Ich bin nur skeptisch, Herr Schmidt, dass die Demokratie in unserem Volke, ich glaube, Sie sagten: verankert oder tief verwurzelt sei. Ich glaube es nicht.« Der spätere Bundeskanzler Schmidt erwiderte in einem Zwischenruf: »Fester als vor einer Generation!« Das ist nicht zu bestreiten und das hat Dehler auch nicht gemeint.

Die Gefahren von rechts wurden von der Gesellschaft eher verharmlost und weckten weit weniger Bereitschaft zum Widerstand als der Kampf gegen den Linksextremismus. Lange Zeit wurde der eher links-liberale Kölner Verband in der NRW-FDP wie eine aussätzige Minderheit behandelt. Aber wir haben gekämpft und uns am Ende durchgesetzt.

Leitbild war für uns das Verhalten kämpferischer Liberaler direkt nach dem Krieg in der späteren DDR. Sie hatten es – im Gegensatz zu uns – mit einem Unrechtsregime zu tun. So beschrieb es Karl-Hermann Flach: »Die liberale Jugend ging lieber ins Zuchthaus oder nach Sibirien, ehe sie Verrat an der Freiheit übte.« Einige dieser Liberalen – wie Arno Esch – wurden für ihre Überzeugungen hingerichtet.

Woher bezogen Sie Ihre Ideale und an wem orientierten Sie sich damals?

Wir verstanden uns als Liberale in der Tradition des Hambacher Festes (1832) und der Paulskirchenverfassung von 1848. Wir wollten unser freiheitliches Lebensgefühl auf allen Feldern der Politik einbringen. Thomas Dehler, Jahrgang 1897, war für mich damals ein väterlicher Freund. Dehler galt als unbequemer und sehr selbstbewusster Hitzkopf, der in seiner rigorosen Liberalität und als Justizminister eine große Strahlkraft auf mich und andere ausübte – bei aller Kritik an ihm war er ein Glücksfall für die FDP. Bei der Vorbereitung dieser Gespräche habe ich festgestellt, dass Dehlers Reden heute noch eine wahre Fundgrube für liberale Grundüberzeugungen sind. Unsere Gegner waren u.a. die Anhänger von Erich Mende. Wir standen an der Seite von Liberalen wie Theodor Heuss und Hildegard Hamm-Brücher, von Walter Scheel, Karl-Hermann Flach, Wolfgang Rubin und nicht zuletzt Hans-Dietrich Genscher. An einige Kölner Mitstreiter aus dieser Zeit erinnere ich mich gern – u.a. an Klaus Schumann, Fritz Gericke, Bernhard Piltz und Peter Finkelgrün. Auf Bundesebene waren es vor allem Heiner Bremer und Günter Verheugen.

Welche politische Grundstimmung prägte die 1960er-Jahre, in denen Sie Ihre Überzeugungen durchsetzen wollten?

Das politische Umfeld Anfang der 1960er-Jahre war vor allem durch ein wachsendes Bewusstsein für die individuelle Schuld in der Nazizeit gekennzeichnet. Ich erinnere an den Eichmann-Prozess 1961, an den Auschwitz-Prozess 1963/65 und an die sichtbar werdende persönliche Verstrickung einzelner prominenter Politiker.

Die endgültige Aufhebung der Verjährung für Mord – also auch für die Nazi-Morde – erfolgte nach jahrelangen heftigen Debatten erst im Jahre 1979 durch die sozialliberale Koalition. Im Zusammenhang mit diesen Debatten hatten wir Jungdemokraten in den Jahren 1960 bis 1965 eine besonders pikante Aktion durchgeführt, die wir selbst finanzierten: Wir haben »Parteiinterne Rundbriefe gegen alte Nazis« verfasst und versandt. Sie hatten jeweils eine wechselnde Auflage von 400 bis 4.000 Exemplaren. Wir wollten damit eine innerparteiliche Debatte in Gang setzen, weil die kritische Auseinandersetzung mit der NS-Zeit nicht konsequent geführt wurde. Eine heftige parteiinterne Diskussion war die Folge. Der Initiator, Ulrich Keitel, hat später – im Jahre 2001 – die Aktion in einem Buch unter dem Titel »Sehr geehrter Parteifreund …« dokumentiert.

Ich nenne ein weiteres Beispiel für die damalige Stimmung: Ich kann mich noch sehr gut daran erinnern, wie ich als Vorsitzender der Jungdemokraten im Kölner Gürzenich gemeinsam mit dem »Ring politischer Jugend« an einem Sonntagmorgen den Film »Nacht und Nebel« (1955) von Alain Resnais aufführen ließ. Dieser Film zeigt die Wahrheit über die KZs in erschreckenden und verstörenden Bildern. Die Aufführung erregte großes, ja, größtes Aufsehen. Ein Fanal, ein Schock. Von unseren Parteien wurden wir heftig kritisiert. Das muss man sich einmal vorstellen. Heute wäre das überhaupt kein Thema mehr. Damals aber wollten viele Menschen nicht mit Verbrechen konfrontiert werden, für die dieses Land verantwortlich war, ist und bleiben wird.

Jurastudium, Politik und Einstieg in den Beruf – wie ging das zusammen? Wie konnten Sie diesen Zielkonflikt für sich lösen?

Mein Jurastudium machte mir keinen großen Spaß, ich empfand es als trockene Pflicht. Erst als Referendar, als die Juristerei konkret wurde, fand ich an ihr Vergnügen. Kurz nach meinem Examen wurde ich von der Anwaltskammer gefragt, ob ich einen Anwalt vertreten könne, der seine Kanzlei vorübergehend verlassen hatte. Es handelte sich um Robert Servatius. Er hatte die Verteidigung Adolf Eichmanns in Israel übernommen – ohne allerdings selbst Nazi zu sein. Es war eine Praxis, die er allein geführt hatte. Ich wurde sein amtlich bestellter Vertreter, habe aber weiterhin Politik gemacht. Bald stellte ich fest: Eigentlich geht das nicht zusammen. Als junger Anwalt kann man sich nicht nebenher in der Politik engagieren. Da überraschte mich 1962 das Angebot eines Freundes, in die Geschäftsführung der Bundesvereinigung der Arbeitgeberverbände in Köln einzutreten. Er selbst war dort Personalchef und ich sagte zu. Meine Hauptaufgabe war, die Interessen der Arbeitgeber in Europa-Angelegenheiten in Brüssel zu vertreten. Nun war ich zeitlich viel flexibler als vorher, hatte aber zu kauen an der politischen Einstellung dieser Vereinigung. Die Arbeitgeber standen hinter der CDU-Regierung und ich wollte das Land verändern. Ich galt als Fremdkörper im Verband, auch wenn man meine politischen Auffassungen respektierte und tolerierte. Ich forderte ja nicht die Abschaffung des Kapitalismus, sondern seine Reform. Bis zu meiner Wahl in den Bundestag im Jahr 1972 vertrat ich die Arbeitgeber in Brüssel.

Politisch ging es für mich zu dieser Zeit in Köln weiter voran. 1968 wurde ich für die FDP in den Stadtrat gewählt und war dort Fraktionsvorsitzender. Es erwies sich manchmal als schwierig, die Termine in Köln und Brüssel in Einklang zu bringen. Ich erinnere mich, wie ich mit hängender Zunge vom Bahnhof mit meiner Aktentasche quer durch den Dom, am Hauptaltar vorbei, zum Rathaus rannte, um pünktlich die Sitzung zu erreichen.

Welche Probleme handelten Sie sich damals mit Ihrer kritischen Position in der FDP ein?

Lange Zeit schaffte ich es nicht auf einen aussichtsreichen Listenplatz – trotz mehrerer Versuche. Mir war klar, das wurde bewusst verhindert, um mich mit meinen inhaltlichen Positionen von politischen Ämtern fernzuhalten. 1972 scheiterte ich auch bei dem Versuch, nach dem Rückzug von Willy Weyer FDP-Landesvorsitzender in NRW zu werden. Ich bekam ungefähr hundert Stimmen, mein Gegner ungefähr dreihundert. Immerhin hatten meine Freunde und ich Flagge gezeigt. Erst später konnten wir uns mit unseren Zielen durchsetzen.

Sie fahren seit Jahren immer wieder nach Dresden. Was verbindet Sie heute mit dieser Stadt, mit der Sie ja die traurigsten Erinnerungen Ihres Lebens verbinden?

Mich verbindet mit Dresden natürlich die Vergangenheit, aber auch die Gegenwart. Die Bombennacht von 1945 ist für mich unvergessen. Ich war damals etwas mehr als zwölf Jahre alt und habe noch sehr präzise Erinnerungen an das wunderbare unzerstörte Dresden. Heute komme ich immer wieder aus tiefer Sympathie für diese Stadt zurück. Dabei werde ich mir meiner sächsischen Wurzeln immer bewusster und empfinde eine nahezu sentimentale Nähe zu Land und Leuten. Meine Familie stammt aus Plauen im Vogtland und sprach ein ausgeprägtes Sächsisch. Mein Urgroßvater war dort

Schmied. Seine Kinder machten Karriere in Dresden und Leipzig. Jetzt habe ich neue Freunde in Dresden, auch jüngere Menschen. Inzwischen ein kleines Netzwerk, das schon während der Bürgerbewegung in der Endphase der DDR entstand und zu dem auch meine dort noch lebenden Verwandten gehören. In Erinnerung an ein legendäres Forum der kirchlichen Friedensbewegung in der protestantischen Kreuzkirche 1982 wurde unter dem Motto »Schwerter zu Pflugscharen« von unseren Freunden jetzt ein Denkmal neben der Kreuzkirche errichtet, das meine Frau und ich unterstützt haben. Hier sind heute im wahrsten Sinne des Wortes »Steine des Anstoßes« zu sehen.

Was die Erinnerung angeht, so wünsche ich mir sehr, dass die Dresdner sich immer bewusst sind, dass zwischen der Zerstörung Dresdens und der deutschen Kriegsschuld ein untrennbarer Zusammenhang besteht. Ich bin stolz darauf, wie Dresdner Bürger heute den Neo-Nazis entgegentreten, die die Zerstörung der Stadt für ihre verfassungsfeindlichen Ziele missbrauchen wollen. Für mich ist diese Stadt ein Ort der eigenen Erinnerung, aber auch ein Ort, um Geschichte zu verstehen – und ein Ort der Freundschaft.

DIE LIBERALEN, IHRE ROLLE UND IHRE PERSPEKTIVE

Was hat Sie veranlasst, Ihre Partei in den letzten Jahren immer wieder öffentlich zu kritisieren?

Durch meine langjährige aktive Tätigkeit in der FDP sehe ich mich dazu berechtigt. Immerhin habe ich einen großen Teil meines Lebens in diese Partei eingebracht. Ich bin bald 60 Jahre Mitglied, jahrzehntelang habe ich Ämter bekleidet. Ich war 30 Jahre im Bundesvorstand, neun Jahre stellvertretender Bundesvorsitzender und zehn Jahre an der Basis, Kreisvorsitzender in Köln. Statt mit mir in eine inhaltliche Diskussion einzutreten, haben meine Gegner mich wegen meiner öffentlichen Vorgehensweise in der letzten Zeit kritisiert.

Ich wurde immer zorniger und habe nicht nur das öffentlich ausgesprochen, was ich selbst empfand. Ich fühlte mich auch bestätigt durch zahlreiche liberal gesinnte Menschen, die von der FDP zutiefst enttäuscht waren und mir dieses bei vielen Begegnungen zum Ausdruck brachten. Dabei wurde immer zwischen meinem politischen Profil und dem der gegenwärtigen FDP unterschieden. Das hat mich zutiefst geärgert. Warum gehöre ich einer Partei an, mit der die Menschen mich nicht mehr identifizieren!

Das zweite Motiv liegt darin, dass mich die Entwicklung der FDP seit 1982, vor allem aber in der Ära Westerwelle, mit wachsender Sorge erfüllt hat. Das betrifft die Inhalte, den Stil bei politischen Auseinandersetzungen und zum Teil die Repräsentanten der Partei.

Der Vertrauensverlust in die FDP ist zurzeit so groß wie noch nie in der Geschichte der Bundesrepublik. Würden Sie als junger Mann heute in diese Partei eintreten?

Auch 1954, als ich mit Anfang 20 Mitglied wurde, war die FDP nicht gerade attraktiv und wir haben lange kämpfen müssen, um wirklich liberale Positionen durchzusetzen. Eine schwierige Frage, wie ich mich als junger Mann heute verhalten würde. Die liberale Idee, verkörpert in einer durch und durch liberalen Partei, würde mich immer noch anziehen.

Zurzeit verlieren Parteien viele Mitglieder. Das trifft besonders auf die FDP zu. Haben Sie schon mal mit dem Gedanken gespielt, Ihr Parteibuch zurückzugeben?

Einen schweren Konflikt gab es für mich im Jahr der Wende 1982, als die FDP die sozialliberale Koalition platzen ließ. Ich stand auf der Seite von Bundeskanzler Helmut Schmidt und konnte dieses Manöver nicht akzeptieren, auch wenn die FDP für den Bruch nicht allein verantwortlich war. Wie mir ging es damals vielen Linksliberalen. Nicht wenige haben die Partei verlassen, zum Beispiel Günter Verheugen, Ingrid Matthäus-Meier oder Andreas von Schoeler. Auch ich überlegte, ob das von mir strikt abgelehnte konstruktive Misstrauensvotum gegen Schmidt nicht ein Grund sei, mich zu verabschieden. Doch dann wollte ich lieber kämpfen und wusste, es gibt noch andere in der Partei, die so dachten wie ich. Hildegard Hamm-Brücher und Burkhard Hirsch zum Beispiel. Auch sie blieben und wollten auch nicht vor dem wirtschaftsliberalen Flügel einknicken. Ich wurde dann sogar stellvertretender Parteivorsitzender, wenn auch mit nur einer Stimme Mehrheit.

Was hat Sie veranlasst, dem Kurs von Lambsdorff und Genscher nicht zu folgen?

Es war der Vertrauensbruch gegenüber den Wählern von 1980 und der politische Richtungswechsel in eine zunehmend wirtschaftlich orientierte Partei, weg vom sozial-liberalen Freiburger Programm. Diese Gründe habe ich als Sprecher der 18 Fraktionsmitglieder, die wie ich die Wende ablehnten, in der dramatischen Bundestagsdebatte von Oktober 1982 dargelegt. Nicht alle Befürchtungen sind eingetreten. Genscher konnte die Deutschland- und Ostpolitik der sozial-liberalen Koalition fortsetzen. Übrigens waren es nicht nur Prominente, die damals die Partei verlassen haben. Es gab bei Mitgliedern und Wählern einen Aderlass, der bis heute nachwirkt.

Ich habe mich später oft gefragt, ob nicht ein geordneter und auch vor den Wählern begründbarer Koalitionswechsel möglich gewesen wäre. Sicher nicht zu diesem Zeitpunkt und nicht unter diesen Bedingungen. Dazu gehörte, dass ausgerechnet der CSU-Politiker Friedrich Zimmermann – unser erbitterter Gegner in Sachen Rechtsstaat – zu meinem Nachfolger bestimmt wurde. Aus all diesen Gründen konnte ich auch das Angebot, als Justizminister in das Kabinett Kohl einzutreten, nicht annehmen.

Aktuell ist die Parteienlandschaft sehr in Bewegung und die Liberalen haben an Zustimmung verloren. Braucht das Land überhaupt noch eine Partei wie die FDP?

Unbedingt. Es wäre eine Verarmung des Parteienspektrums, wenn wir auf die politische Kraft einer liberalen Partei verzichten würden. Andere Parteien können die FDP nicht ersetzen, auch wenn sie partiell liberale Ziele verfolgen. Diese werden verstärkt und sichtbar aktiviert, wenn die Liberalen mit anderen Parteien koalieren. Eine wirkliche Existenzberechtigung hat die FDP aber nur dann, wenn sie konsequent liberal auf allen Feldern der Politik auftritt. Es geht um ein rundum liberales Lebensgefühl, das bei jeder politischen Entscheidung sichtbar werden muss.

Wenn ich Sozialdemokraten und Grüne genau betrachte und ihre Parteitage verfolge, ist ganz offensichtlich, dass sich hier keine konsequent liberalen Parteien zu Wort melden. Mir fallen immer wieder Entscheidungen auf, die sich mit Bevormundung und Umverteilung mehr beschäftigen als mit freier Entfaltung der Persönlichkeit. Auch CDU und CSU haben liberale Defizite. Ich nenne als Stichworte nur das Betreuungsgeld und die nicht marktwirtschaftlich durchdachten Folgen der überhasteten Energiewende.

Eine Partei mit einem Profil, wie die FDP es sich einst in dem Freiburger Programm von 1971 gegeben hat, kann in unserer Demokratie nie überflüssig sein. Ich meine die in diesem Programm zum Ausdruck kommende liberale Grundauffassung. Einige politische Schlussfolgerungen sind allerdings von der Zeit überholt worden. Die Partei ist damals von Persönlichkeiten wie Dahrendorf, Maihofer und Flach geprägt worden. Sie haben liberales Denken in die Partei eingebracht, aus dem sich dann die Tagesentscheidungen ableiten ließen. Die FDP von heute ist auch deshalb verarmt, weil einflussreiche Intellektuelle keinen Anlass sehen, sich für diese Partei zu engagieren.

Die FDP von heute unterscheidet sich deutlich von der Partei des Freiburger Programms. Man hat den Eindruck, sie habe die damals verabschiedeten Thesen aus den Augen verloren.

Da stimme ich Ihnen zu und darin sehe ich auch eines der Probleme für die fehlende Akzeptanz der Liberalen. Die Partei hat sich meines Erachtens schon seit langer Zeit von meinen Idealvorstellungen wegbewegt. Als besonders fatal empfinde ich, dass sie nahezu zu einer Einthemenpartei geworden war. Erst jetzt öffnet sie sich wieder. Die Wahlerfolge zurzeit des Vorsitzenden Westerwelle haben über die Defizite hinweggetäuscht.

Wenn ich mir die Programme der letzten Jahre ansehe – auch wenn sie Richtiges zum Ausdruck bringen –, so brennt darin kein liberales Lebensgefühl, das sich bisher auf die Wähler übertragen hätte. Doch schon vor der Wende von 1982 – auf einem Parteitag in Kiel 1977 – begann die Abkehr von den Grundsätzen des sozialen

Liberalismus, wie er im Freiburger Programm definiert war. Meine Freunde und ich hatten einen Programmentwurf mit dem Titel »Aktuelle Perspektiven des sozialen Liberalismus« erarbeitet. Er unterlag in wesentlichen Teilen einem vom Wirtschaftsflügel vorgelegten Gegenentwurf. Unsere Themen waren – neben einer neuen Definition des Sozialstaates in einer freien Wirtschaftsordnung – Vertiefung der Demokratie, Verteidigung des Rechtsstaats, Schutz der Umwelt und eine Bildungspolitik der Chancengleichheit. Schon damals begann die Entwicklung zu einem Liberalismus, von dem Peter Sloterdijk 2011 sagte, dass dieser »eher für ein Leben auf der Galeere der Habsucht steht«.

Man darf als liberale Partei nicht den Eindruck erwecken, als ginge es ihr eigentlich nur um »mehr Netto vom Brutto« – um den Kern des Übels beim Namen zu nennen. Jeder Mensch, der politisch denkt, macht sich Gedanken, welchen Spielraum die Steuerpolitik für freie Entfaltung lässt. Aber dabei dürfen die gesamtgesellschaftlichen Zusammenhänge nicht aus den Augen verloren werden. Wie sieht es aus mit dem gesellschaftlichen Zusammenhalt? Was tun wir für ein ausgeglichenes soziales Verhältnis in unserem Land? Ganz konkret: Wie schaffen wir Gerechtigkeit? Hier gibt es Handlungsbedarf, gerade für eine liberale Partei, die Freiheit *und* Selbstverantwortung, aber auch gesellschaftliche Solidarität als zentrale Ziele verfolgen sollte. Wenn wir nur eine reine Nützlichkeitsstrategie verfolgen, während Menschlichkeit und »Brüderlichkeit« immer weniger zählen, verlieren wir unsere liberale Identität. Gerade diese Ideale der Aufklärung und der Französischen Revolution sollten auch heute noch tragende Elemente für unsere Gesellschaft sein. Das Wort »Brüderlichkeit« – »Fraternité« – ist auf der Fassade fast eines jeden französischen Rathauses zu lesen. Heute könnte man von »Geschwisterlichkeit« sprechen.

Ich möchte an dieser Stelle den wichtigen US-amerikanischen Philosophen John Rawls erwähnen, mit seinem wegweisenden Werk »Theorie der Gerechtigkeit« von 1971, das große Aufmerksamkeit und Verbreitung gefunden hat. Er hat Wege aufgezeigt, wie man

Sind die US-Demokraten wie die FDP?

eine ökonomisch effiziente Gesellschaft gestaltet, die sich gleichzeitig sozialen Korrekturen unterwirft. Rawls war ein Sozialliberaler – ein Leitbild für die FDP von heute.

Das heißt, es wurden viele wichtige liberale Politikfelder an den Rand gedrängt?

Ja, ich nenne beispielhaft die Umwelt- und die Bürgerrechtspolitik. Die FDP war die erste Umweltpartei der Republik. 1971 hat sie mit dem Freiburger Programm als erste deutsche Partei überhaupt ein umfassendes Umweltprogramm vorgelegt. Genscher hat als Bundesinnenminister von 1969 an die gesetzlichen und institutionellen Grundlagen für den Umweltschutz gelegt, wie wir ihn heute kennen. Peter Menke-Glückert hat ihn auf diesem Weg maßgeblich inspiriert. Das ist völlig vergessen, weil die FDP dieses Erbe nicht gepflegt hat. Liberale waren als Bundesinnenminister insgesamt 16 Jahre lang auch die Umweltminister des Landes.

Diese Kritik trifft Ihrer Meinung nach auch auf den Themenbereich Bürgerrechte. Was genau meinen Sie damit?

Der Kompetenzverlust auf diesem Feld war besonders schlimm. Bis zur Bundestagswahl 2009 bestimmte dieses Politikfeld nicht mehr das Bild der FDP. Es kam immer nur am Rande vor. Erst mit dem wachsenden Einfluss von Sabine Leutheusser-Schnarrenberger änderte sich das. Sie wird als Bundesjustizministerin in ihrer rechtsstaatlichen Glaubwürdigkeit so leicht von niemandem übertroffen. Heute wird sie von der Partei im Großen und Ganzen unterstützt, was früher nicht immer der Fall war. Inzwischen erproben sich auch die Grünen auf dem Feld der Bürgerrechtspolitik. Meines Erachtens nicht mit großem Erfolg. Nun haben die Piraten mit dem Thema »Freiheit im Netz« Anhänger gewonnen und auch der FDP Stimmen abgejagt. Allerdings sammeln sich die Wähler bei den Piraten vor allem aus Frust gegen verknöcherte Strukturen und Verhaltens-

1 Mai 1938 **2** Mit Vater Werner und Geschwistern, 1943
3 Mit Mutter Wera und Geschwister Peter und Uschi, 1947 **4** Student Baum, 1954

Gerhart Baum
Köln-Weidenpesch
Wandsbeckerstr.3

1.1.53

An
Herrn
Thomas Mann

Hochverehrter Herr !

Von der Lektüre Ihres Faustus her schreibe ich an Sie. Der zweite Weltkrieg nahm mir, geboren 1932 als Sohn eines Anwalts in Dresden, Vater, Heim und Habe. Nach 1945 befand ich mich im ausweglosen Dunkel der hereingebrochenen "uralten Verwirrung". Welchen Signalen war zu trauen, wenn alle, die als solche gegolten hatten, verderbenbringende Irrlichter gewesen waren ? Alles, was den deutschen Namen trug, schien meiner Verzweiflung so unter Schande begraben, dass ich damals wünschte, es möge auch das Wort deutsch für immer verschwinden. Es war genau die krankhafte Zerknirschung von der Sie auf Seite 760 sprechen.

Als ich später Einblicke bekam in das Traditionsgut des deutschen Kulturschaffens blieb dies alles beziehungslos, wie aus anderen kosmischen Bereichen stammend, zum chaotischen Alltagsgeschehen. Wie war all dies Unfassbare aus dem "anderen", dem wahren, dem hochgeistig-humanen Deutschland entstanden, wie sollte man zu diesem Deutschland je zurückfinden ? Soviel verstand ich zunächst, auch durch die Lektüre Ihrer Novellen, dass alle humane Kulturgestaltung einer hohen, überlegenen Rationalität bedarf. Dann aber hat mir Ihr Faustus gezeigt, wo die Kausalzusammenhänge der geschichtlich gegebenen Werte, aber auch Unwerte des deutschen Wesens mit unserer apokalyptischen Gegenwartslage zu suchen sind. Ihr nun mehr besser verstandener Zauberberg half mir auch dabei. An der Musik und am sogenannten faustischen Wesen, die beide das Janusgesicht des Deutschseins in sich bergen, sind mir durch Ihre Konkretisierung die Werte und Unwerte, auf die es ankommt, erst ins Bewusstsein gehoben worden. Obwohl das äussere Geschehen im Faustus mit einer Parallelkatastrophe zu 1945 schliesst, gewann ich aus ihm dennoch eine feste Beziehung zu dem "anderen" Deutschland und seinem Überdauern.

Es ist Ihnen wohl nicht neu, dass die gegenwärtige, mit mir gleichaltrige Generation, trotz rühmlicher Ausnahmen, nicht viel Bedürfnis nach Erhebung über den Nihilismus hat, aus dem ich den Ausweg mit Ihrer Hilfe gefunden habe...

Ich verstehe aber, wenn ein Vertreter der älteren Generation mir immer wieder seine hohe Befriedigung darüber ausspricht und es geradezu als aufrichtigen Trost empfindet, dass in Ihrer weltgeschichtlichen Erscheinung Geist und Wort doch einmal über alle aufgebotene physische, verbrecherische Brutalität gesiegt haben.

In Bewunderung

5 Brief von Gerhart Baum an Thomas Mann
6 Antwortschreiben von Thomas Mann

Thomas Mann

Erlenbach-Zürich
11. I. 1953

Lieber Herr Baum,

Die Promptheit meines Dankes muss für seine Kürze aufkommen. Aus der Unfertigkeit und vorläufigen Unbequemlichkeit meines neu bezogenen Schweizer Heims möchte ich Sie versichern, dass Sie mir mit Ihrem Brief eine wirkliche Freude bereitet haben. Es kommt mir öfters Gutes und Freundwilliges aus Deutschland, aber selten zeugt es von so viel Wärme und ansprechender Form. Sie haben mit Ihren Worten und dem Erleben, das daraus spricht, meine ganze Sympathie gewonnen, und das eben ist es, was ich Ihnen sagen kann und muss.

Mit herzlichen Wünschen

Ihr ergebener

Thomas Mann

7 Gerhart Baum und der damalige Bundesaußenminister Walter Scheel, 1974
8 Gerhart Baum und Tochter im Stadtwald Köln, 1978

9 Guenter Verheugen, Gerhart Baum und Hans-Dietrich Genscher, 1978
10 Bundeskanzler Helmut Schmidt mit Gerhart Baum, 1978

11 Entspannung durch Kunst, ca. 1980
12 SPIEGEL-Streitgespräch mit Horst Mahler, 1979

13 Bundesinnenminister Baum und Bundesaußenminister Genscher, 1980
14 Bundespräsident Carstens überreicht den zurückgetretenen FDP-Ministern Genscher, Baum, Lambsdorff und Ertl die Entlassungsurkunden, 1982

15 Hildegard Hamm-Brücher und Gerhart Baum, 1984
16 Ralph Dahrendorf und Gerhart Baum, 1986

weisen der etablierten Parteien. Auch dagegen hätte die FDP längst etwas tun müssen und zwar durch eine offene und unbefangene Streitkultur, wie sie uns beispielhaft von Ralf Dahrendorf vorgelebt wurde, als es um die Reformpolitik der sozialliberalen Koalition ging.

Die FDP ist dringend gefordert, Zeichen zu setzen gegen eine zunehmende Demokratie-Entleerung hier im Land und in Europa. Der Kontrollverlust der Parlamente in Deutschland wie auch europaweit ist unverkennbar. Das dürfen wir nicht ignorieren. Die repräsentative Demokratie ist in einer Vertrauenskrise. Liberale müssen den Mut zeigen, neue Formen der direkten Mitwirkung der Bürger in geeigneter Weise zu fördern. Liberale sind immer in der Pflicht, wenn es darum geht, Demokratie zeitgemäß und offen zu gestalten. Dazu gehört auch die Gleichstellung der Frauen in der Wirklichkeit von Staat und Gesellschaft. Mit guten Absichten und leeren Versprechungen hat sich in den letzten Jahren nicht viel verändert. Die FDP ist gefordert, gegen die Unterrepräsentation der Frauen auch in der eigenen Partei anzugehen. Sie muss sich der Quote öffnen, in welcher Form auch immer. Warum erweckt die FDP den Eindruck, dass dies kein Thema für sie sei?

Mit der von Ihnen kritisierten Verengung hat die FPD unter Guido Westerwelle 2009 fast 15 Prozent geholt. Ein Ergebnis bei einer Bundestagswahl, das damals einen Freudentaumel bei den Liberalen auslöste.

Was aber auch damit zusammenhing, dass bestimmte Wählergruppen damals vor allem den Wechsel wollten – weg von der großen Koalition. Sie haben also taktisch gewählt.

Wie lässt sich erklären, dass so wenig daraus gemacht wurde und die Partei seither im Abwärtsstrudel ohne Ende ist?

Noch nie ist ein Wahlerfolg so schnell verspielt worden. Der Übergang von einer – an Wahlerfolgen gemessen – durchaus erfolgreichen Opposition in die Rolle der Regierungspartei misslang. Das war der Anfang vom Ende der Ära Westerwelle. Seitdem kommt die FDP in Umfragen auf Bundesebene kaum über fünf Prozent. Dieses Scheitern lässt sich sicher nicht mit einem einzelnen Fehler schlüssig erklären. Da spielt manches zusammen, was man in der Parteiführung wohl zu lange unterschätzt hatte. Vor allem aber waren es die eigenen Fehler.

Zum Beispiel: Die Begünstigung der Hoteliers durch eine Senkung der Mehrwertsteuer war in der Außenwirkung für die FDP verheerend, weil das bestehende Urteil, sie orientiere sich nicht am Gemeinwohl, sondern an ihr nahestehenden Interessengruppen, als voll bestätigt angesehen wurde. Dass auch andere Parteien die ihnen nahestehenden Wählergruppen schützen, gerät dabei rasch aus dem Blick. Dass man das Entwicklungsministerium mit einem Mann besetzte, der vor der Wahl dessen Abschaffung gefordert hatte, ist ein weiteres Beispiel für Unglaubwürdigkeit.

Insgesamt entstand der Eindruck, diese Partei sei nicht reif für das Regieren, sondern befasse sich mehr mit sich selbst und den eigenen Interessen. Zum Vertrauensverlust führt nicht nur die Tatsache, dass die versprochene Steuersenkung eine Luftbuchung blieb. Sie konnte nicht realisiert werden. Sondern man hätte auch schon lange vor dem Machtwort der Bundeskanzlerin klar sehen müssen, dass – von einigen Steuerkorrekturen abgesehen – Schuldenabbau absoluten Vorrang haben musste. Die schwarz-gelbe Koalition unter Angela Merkel bot von Anfang an kein überzeugendes Bild. Das lag und liegt nicht allein an der FDP, sondern auch zu einem nicht geringen Teil an den Eigenwilligkeiten von Horst Seehofer und an der Bundeskanzlerin, die die Interessen ihrer eigenen Parteien ohne Rücksicht auf den Koalitionspartner wahrnehmen.

Diese Feststellung ändert nichts an der Tatsache, dass wichtige Entscheidungen der Koalition, etwa in der Europapolitik, sich sehen lassen können. Die FDP hat ordnungspolitische Zeichen gesetzt mit der Ablehnung einer Auffanggesellschaft in Sachen Schlecker. Ihrem Einsatz ist die Wahl von Gauck als Bundespräsident zu verdanken.

Sie versucht jetzt auch, die unüberlegten Folgen der überhasteten Energiewende für Wirtschaft und Verbraucher abzumildern. Das könnte durchaus ein Thema für die nächste Bundestagswahl werden. Die FDP muss lernen, sich mit realisierbaren Zielen deutlicher gegenüber den Koalitionspartnern zu profilieren.

Ein klassisches FDP-Thema, nämlich die Wahrung der Freiheitsrechte im digitalen Zeitalter, ist bisher wenig von Ihrer Partei wahrgenommen worden. Warum lief das an ihr so vorbei?

Das ist so nicht zutreffend. Ich selbst und andere haben schon lange gespürt, dass sich hier ein neues Politikfeld eröffnet. Zentrale Bedeutung hatte für mich die von meinem Neffen Peter Schantz, einem jungen Rechtsanwalt, und mir eingereichte Verfassungsbeschwerde gegen ein Gesetz in NRW, das die Durchsuchung und Überwachung von Computern ermöglichen sollte. Das Gesetz wurde im Jahr 2008 vom Bundesverfassungsgericht aufgehoben und die Online-Durchsuchung wurde an strenge Voraussetzungen geknüpft. Es ist ein Grundsatzurteil, mit dem praktisch ein neues Grundrecht etabliert wurde, nämlich der Schutz eigengenutzter, informationeller Systeme.

Damit waren die Verfassungsrichter im Computerzeitalter angekommen. Nur sind bisher die Schlussfolgerungen und die Aufträge an den Gesetzgeber, für den Schutz im öffentlichen und privaten Bereich zu sorgen, nicht vollzogen worden. Es handelt sich langsam um ein vergessenes Urteil.

Immer wieder habe ich in den letzten Jahren gefordert, den Datenschutz als Freiheitsthema ersten Ranges ernst zu nehmen. Das Internet ist ein unverzichtbarer, neuer Lebensraum, aber es darf die Grundrechte nicht überrollen. Es geht nicht nur um den Schutz der Privatheit, sondern auch um die Begrenzung wirtschaftlicher Macht, wie sie von Datenimperien wie Google und Facebook beansprucht werden. Dies alles sind hochaktuelle Themen, ganz zugeschnitten auf eine liberale Partei.

Sabine Leutheusser-Schnarrenberger hat auf diese Herausforderungen reagiert. Ich erwähne ihren Widerstand gegen Netzsperren, gegen das internationale Patentschutzabkommen ACTA, ihren Kampf gegen Missbrauch der sogenannten Trojaner und ihre Initiative gegen eine Pervertierung des Abmahnrechts im Netz. Sehr schwierig ist es unter den neuen Bedingungen der Kommunikationstechnologie, die Leistungen der Kreativen in unserer Gesellschaft, also das geistige Eigentum im Spannungsverhältnis zur Freiheit im Netz zu schützen. Diese Diskussion ist in vollem Gange. Darauf sollten wir noch zurückkommen.

Könnte es nicht zu spät sein, sich diesen Themen zu öffnen, da sie längst von den Piraten besetzt werden, die dabei sind, in den Parlamenten den Platz der FDP einzunehmen?

Das tun sie nicht. Und zwar weder mit ihrer neuen Methode, das Internet zu nutzen, noch mit ihren politischen Themen. Sie haben das Politikfeld Internet entdeckt und die digitale Revolution zum Thema gemacht. Da haben die Altparteien einen deutlichen Nachholbedarf. Mit den Liberalen haben die Piraten inhaltliche Berührungspunkte auf dem Feld der Bürgerrechte, zum Beispiel in Sachen Vorratsdatenspeicherung. Aber insgesamt sind die Piraten nicht auf dem Wege zu einer neuen liberalen Partei. Dafür fehlt zum Beispiel die liberale Konsequenz in der Wirtschaftspolitik. Insgesamt sind sie eher eine nach links tendierende Partei. Positiv ist, dass sich bei den Piraten zahlreiche freiheitsorientierte Menschen zusammenfinden, von denen sich viele zum ersten Mal politisch engagieren. Zu einigen von ihnen habe ich gute Kontakte. Die Piraten sollten sich aber nicht darauf verlassen, dass der Frust über die Altparteien ihnen auf Dauer eine Existenz sichert.

Eine Partei muss sich in erster Linie durch ihre politischen Ziele definieren und nicht durch die Methode ihrer Meinungsbildung. Zu stark ist bei den Piraten die Identifizierung mit dem technischen Medium Internet. Durch ständige Plebiszite in die Partei hinein ist

Handlungsfähigkeit in Parlamenten nicht gewährleistet. Wer nimmt an diesen Plebisziten kontinuierlich teil? Wie werden Minderheiten geschützt? Ohne das Vertrauen in gewählte Repräsentanten und die Beständigkeit einmal getroffener Entscheidungen lässt sich weder regieren noch opponieren. Auch die Forderung nach völliger Transparenz ist lebensfremd. Wichtige Entscheidungen können nicht auf dem offenen Markt vorbereitet werden. Dennoch bleibt die Forderung: so viel Transparenz wie möglich.

Die totale Hinwendung zum Internet schafft zwar viele neue Möglichkeiten, wird aber von der Gefahr begleitet, dass die reale Welt der Sinne verarmt.

Ich könnte mir vorstellen, dass eines Tages ein Rückzug aus der Verabsolutierung des Internets stattfindet. Vieles auf diesem Feld ist in gärender Bewegung – auch bei den Piraten. Auf jeden Fall sollten sich die Altparteien, die auf manche Fragen auch keine Antwort haben, vor besserwisserischer Arroganz hüten.

Beim Thema der Bürger- und Freiheitsrechte beanspruchen inzwischen die Grünen die Rolle, in der sich lange Zeit die FDP als politische Kraft gesehen hat. Droht nicht auch hier eine Entwicklung, dass die Liberalen ihre klassischen Themen kampflos einem Mitbewerber überlassen?

In der Tat, im Laufe der Jahre sind die Grünen in liberales Wählerpotenzial eingedrungen. Sie haben vor allem das Umweltthema besetzt, das ihnen die FDP kampflos überlassen hatte. Aber sie sind damit nicht zu einer liberalen Partei geworden. Den Bereich der Bürger- und Freiheitsrechte hat die FDP in ihren Koalitionen mit der SPD und vor allem mit den Unionsparteien immer sehr entschieden vertreten. Ausdrücklich nenne ich hier die Rolle von Burkhard Hirsch und mir in Opposition zu der Politik von Strauß, Zimmermann und Kohl. Heute hat Sabine Leutheusser-Schnarrenberger diese Rolle gegenüber den CDU/CSU-Partnern übernommen, und zwar viel kämpferischer als die Grünen gegenüber Schily damals in der rot-grünen Koalition. Die Grünen haben zum Beispiel die problematischen Teile der Antiterrorgesetze mitgetragen und das Luftsicherheitsgesetz, das auf unseren Antrag hin in weiten Teilen von Karlsruhe für verfassungswidrig erklärt wurde.

Also bis auf Weiteres keine Koalition mit den Grünen, auch wenn die neuen Mehrheitsverhältnisse ein Dreierbündnis im Bund und manchen Ländern notwendig machen würden?

Das habe ich damit nicht gesagt. Wenn wir auf Dauer Große Koalitionen vermeiden wollen, die allein schon durch das Auftreten der Piraten drohen, dürfen Ampelkoalitionen nicht ausgeschlossen werden. Es gibt durchaus eine Nähe zu bestimmten Wählern der Grünen, die liberal denken und auch die FDP gewählt haben oder hätten. Vor allem in den großen Städten haben die Liberalen die Anziehungskraft der Grünen unterschätzt. Die Grünen sind im liberalen Bürgertum heute stärker verankert als die FDP. Das erklärt das besonders ausgeprägte Rivalitätsverhältnis beider Parteien. Dennoch müssen sie aus den Schützengräben, sie dürfen nicht nur das Trennende sehen, sondern müssen das Gemeinsame suchen. Ampelkoalitionen wird es im Sechsparteiensystem geben.

Wenn sich das Parteienspektrum verändert, wäre es dann nicht auch denkbar, dass die FDP nach rechts abdriftet, um hier neue Wähler zu finden, das heißt die akuten Ängste der Bürger in der Wirtschafts- und Finanzkrise zu bedienen?

Ich weiß nicht einzuschätzen, wie stark die Kräfte in der FDP sind, die eine Richtungsänderung in der Europapolitik und darüber hinaus wollen. Es wurden rechtspopulistische Tendenzen in der Europadebatte sichtbar. Mit diesen versuchte die FDP im Wahlkampf zum Abgeordnetenhaus in Berlin 2011 Wähler zu gewinnen. Dafür wurde sie mit nur 1,8 Prozent abgestraft. Beim Mitgliederentscheid über den Europakurs waren diese Gegenkräfte erstaunlich stark. Es darf aber keine FDP mit einem nationalstaatlich orientierten Kurs geben, der sich von Europa abwendet! Damit würde die FDP ihre Tradition verraten und dann wäre es auch nicht mehr meine Partei.

Nun hat man den Eindruck, der Aufbruch soll unter anderem mit dem Slogan »Wachstum« erfolgen statt mit »Mehr Netto vom Brutto«. Glauben Sie, dass damit die Menschen wieder zu gewinnen sind?

Ich sehe das eher kritisch, denn es darf auf keinen Fall darauf hinauslaufen, dass ein alter, längst überholter und abgenutzter Wachstumsbegriff wiederbelebt wird – als ginge es um Wachstum an sich. Das ist zwar nicht beabsichtigt, aber dieser Begriff löst Irritationen aus. Man muss ihn immer erklären. Er muss in Beziehung gesetzt werden zu anderen Politikfeldern. Beispielsweise geht es um Wachstum an Bildung. Gemeint ist qualitatives und nachhaltiges Wachstum. Es ist immer schwierig, einen Begriff zu verwenden, mit dem man in eine defensive Position kommt.

Christian Lindner und Wolfgang Kubicki werden als neue Hoffnungsträger der Partei gehandelt. Warum traut man es gerade diesen beiden zu?

Sie haben gezeigt, wie Personen das Bild einer Partei verändern können. Ihnen kommt zweifellos jetzt eine ganz entscheidende Rolle zu. Aber allein werden sie es nicht schaffen. Christian Lindner hat ein eigenes politisches Profil entwickelt, das in die Zukunft weist. Er hat das Zeug zu einem liberalen Parteivorsitzenden. Er kann den Wählern glaubhaft vermitteln, dass er liberale Grundwerte vertritt und für einen Politikstil steht, der von Ernsthaftigkeit geprägt ist. Wir – Genscher, Kinkel und ich – haben uns deshalb für ihn mit einem Aufruf im Landtagswahlkampf NRW eingesetzt. Uns beeindruckt, dass er mit »neuem Denken« in die Zukunft gehen will. Das ist für uns ein Schlüsselbegriff. Und Lindner hat auch gezeigt, dass er seine Überzeugungen wichtiger nimmt als politische Ämter. Damit haben wir seine Entscheidung, vom Posten des Generalsekretärs zurückzutreten, positiv gewürdigt. Es ist ihm gelungen, die Partei in NRW zu mobilisieren und auch ihre Anhänger, die seinetwegen die FDP wiedergewählt haben. So hat er eine gewisse Aufbruchsstimmung erzeugt. Man wird sehen, ob sie über NRW hinaus wirken kann.

Wolfgang Kubicki ist ja ein ganz anderer Politiker-Typ. Er kann die Menschen als Landespolitiker bundesweit erreichen, weil er sich holzschnittartig zu Wort meldet. Das kommt nicht unbedingt schlecht bei den Bürgern an, wenn er ausspricht, was viele denken. Ist das eine Fähigkeit, die vielen Politikern heute fehlt?

Das stimmt. Kubicki, aber auch Lindner sind Personen, die kein Blatt vor den Mund nehmen – wenn auch sehr unterschiedlich im Stil. Aber beide sehen, dass sich die FDP in einer Existenzkrise befindet, und thematisieren das offensiv; Kubicki manchmal sehr pointiert – so etwa, wenn er den Wachstumsbegriff von Philipp Rösler mit dem Wort Haarwachstum ad absurdum zu führen versucht. Aber ohne Benennung der Ursachen für die Krise und das Aussprechen unbequemer Wahrheiten kommt die FDP nicht wieder auf die Beine. Authentische Politikertypen wie diese beiden brauchen wir, um wahrgenommen zu werden. Die Signale, die beide aussenden, weisen den Weg in die richtige Richtung. Die FDP muss sich nicht neu erfinden, aber sie muss sich ohne Scheu den Zukunftsproblemen stellen, notfalls auch darüber streiten. Ich habe von Dahrendorf gelernt, dass Streit um bessere Lösungen ein Lebenselement der Demokratie ist. Die FDP könnte mit einer intellektuellen und leidenschaftlichen Streitkultur wieder attraktiv werden.

Welche Chancen hat die FDP in den kommenden Wahlen?

Das hängt von ihr selbst ab. Und davon, ob sie die Kraft hat, sich von unten – also von den Landesverbänden her – zu erneuern. Eine Nagelprobe ist die Landtagswahl in Niedersachsen im Januar 2013 – eine Nagelprobe für den Bundesvorsitzenden Rösler wie für seinen

Generalsekretär Patrick Döring, die ja beide aus Niedersachsen kommen. An Rösler gibt es zurzeit viel innerparteiliche Kritik. Es ist feige, hinter seinem Rücken gegen ihn zu agieren. Kritik muss offen geäußert werden und nicht in diskriminierender Weise. Mit welcher Spitze die Partei in die Bundestagswahl gehen wird, muss spätestens auf einem Parteitag im Mai 2013 entschieden werden. Mit den Wahlen in Schleswig-Holstein und in NRW ist eine Schlacht gewonnen worden. Die Existenzkrise ist noch nicht überwunden. Man wird die Umfragezahlen der Bundespartei im Vergleich zu den Ergebnissen in Schleswig-Holstein genau beobachten müssen. Lindner und seinem Landesverband NRW kommen hierbei eine Schlüsselrolle zu. Ich bin sicher, dass er mit seiner Politik Einfluss auf den Kurs der gesamten Partei gewinnen wird. Er ist entschlossen, NRW zu einem Modell für neues liberales Denken zu machen – sozusagen ein »Labor NRW«. Er beruft sich auf die Traditionslinien, die durch die Namen Hans-Dietrich Genscher, Otto Graf Lambsdorff und durch meinen Namen verkörpert werden. Damit meint er einen ganzheitlichen Liberalismus. Das bedeutet aus meiner Sicht: eine Wirtschaftspolitik, die auch auf gesellschaftlicher Verantwortung gegründet ist. Eine Bildungspolitik der Chancengleichheit auch für Kinder aus Familien mit niedrigem Einkommen oder mit Migrationshintergrund. Es sollte – wie in den 1960er-Jahren – der Slogan »Bildung für alle« wieder ernst genommen werden. Bildung ist die wichtigste Ressource, die unser Land hat. Ebenso gehört zum neuen Denken eine Bürgerrechtspolitik, die allen Versuchungen zur Unfreiheit widersteht. Ich wünsche mir eine Politik, die die Demokratie mit neuem Leben erfüllt – bei uns und in Europa. Die Außenpolitik muss neue Impulse für Europa entwickeln und für dessen Rolle in einer neuen Weltordnung. Die Kompetenzverlagerung hin zur Bundeskanzlerin ist kein Hinderungspunkt für ein eigenes liberales außenpolitisches Profil, das bisher nur in Ansätzen sichtbar ist.

Die FDP hat durchaus Chancen, sich zu erneuern. Im Freiburger Programm von 1971 haben wir unsere Grundüberzeugung auf den Punkt gebracht. Einerseits: »Der Staat darf nicht alles.« Das heißt, den Bürgern müssen weitgehende Entfaltungsmöglichkeiten gegeben werden. Das ist eine Absage an Staatsgläubigkeit und Bevormundung. Andererseits: »Der Staat sind wir alle.« Das ist eine Absage gegen die in der FDP immer noch verbreitete Feindseligkeit gegenüber der gestaltenden Aufgabe des Staates. Dieses Programm war und ist ein Plädoyer für Leistung und Solidarität in unserer Gesellschaft – anders als 1971 nicht für eine bestimmte Koalition.

Ich bin der Meinung, die Bundestagswahl 2013 ist keineswegs entschieden. Es geht bei ihr auch um das Schicksal der immer noch existenzgefährdeten FDP. Viele Menschen in unserem Land wollen auf eine liberale Partei nicht verzichten. Wie sie gewonnen werden können, haben die Wahlen in Schleswig-Holstein und in NRW gezeigt. Es waren Wahlerfolge, die gegen den Bundestrend erzielt worden sind. Daraus müssen Schlussfolgerungen gezogen werden.

Was künftige Koalitionen angeht, so ist die kurze Antwort bemerkenswert, die Hans-Dietrich Genscher kürzlich bei »Markus Lanz« auf die Frage nach seiner Wunschkoalition 2013 gab: eine Koalition, die auf Fortschritt und Gerechtigkeit setzt. Das war knapp und deutlich.

»ICH SAH MICH NICHT NUR IN DER ROLLE DES RECHTS-, SONDERN AUCH DES LEBENSBERATERS«

DER ANWALT AN DER SEITE DER OPFER

Nach Ihrer Zeit als aktiver Politiker sind Sie wieder als Anwalt tätig geworden. Herr Baum, ein Schwerpunkt dabei war und ist Ihr Engagement als »Opferanwalt«. Warum haben Sie sich gerade auf dieses Gebiet konzentriert?

Als aktiver Politiker sah ich für mich zuletzt keine Entwicklungsmöglichkeiten mehr. In der veränderten FDP war ich nur noch ein Außenseiter, den die Partei ungern vorzeigte. Dennoch konnte ich einen gewissen Einfluss ausüben. In seinen Memoiren beklagt sich Franz-Josef Strauß über »überflüssige und Kräfte bindende Auseinandersetzungen«, die mit den Namen Hans-Dietrich Genscher, Gerhart Baum und Burkhard Hirsch verbunden waren, und er stellt fest, dass Baum und Hirsch »in der Partei immer noch eine beachtliche Rolle spielen«. Menschen brachten mir ihre Sympathie entgegen und erklärten gleichzeitig, dass diese meiner Person, aber nicht der FDP gelte. Dennoch habe ich mich noch einmal um ein Mandat beworben. Ich wollte die Partei zwingen, Farbe zu bekennen, ob sie noch zu meiner politischen Richtung stand. Ich scheiterte.

Wann?

Diese Niederlage hatte auch ihr Gutes. Ich war gerade 60 Jahre alt und hatte noch Zeit, um etwas Neues aufzubauen. Diese Perspektive hatte ich mir schon als Abgeordneter vorbereitet. Ich hatte wieder Lust an einer anwaltlichen Tätigkeit und wollte in diesem Bereich aktiv werden. Ich hatte auch Lust, durch eigene Leistungen mein Einkommen bestimmen zu können. Bis dahin bezog ich nur gesetzlich festgelegte Bezüge. Nun war ich plötzlich ein Freiberufler, ein Unternehmer. Mein neues berufliches Leben habe ich ohne Protektion oder Hilfe irgendwelcher Netzwerke innerhalb oder außerhalb der Partei aufgebaut. Entscheidend waren gleichgestimmte Freunde, mit denen ich zusammenarbeiten konnte.

Die ersten Projekte habe ich zusammen mit meinem Kollegen Elmar Giemulla durchgeführt. Er ist ein ausgewiesener Experte für Luftverkehrsrecht. Später konzentrierte ich mich auf die Zusammenarbeit mit Julius Reiter. Reiter arbeitete bereits als Student der Rechtswissenschaften in meinem Abgeordnetenbüro. Schon hier zeigte er sein ausgeprägtes politisches Interesse, sein Kommunikationstalent und seinen Unternehmungsgeist. Er folgte von Anfang an meinem politischen Grundverständnis und meiner Bewertung politischer Zusammenhänge. Es entwickelte sich ein intensiver Austausch, eine Freundschaft, die schließlich vor elf Jahren zur gemeinsamen Anwaltskanzlei »baum, reiter & collegen« führte. Ich war beeindruckt von dem unternehmerischen Mut und der Energie von Julius Reiter und seiner jungen Mannschaft, von ihrem Arbeitseinsatz und ihrer Verbundenheit mit der Philosophie der Kanzlei, die inzwischen 14 Anwälte beschäftigt. Stellvertretend nenne ich Olaf Methner, der von Anfang an dabei war. Wir kämpfen vor allem für die Rechte geschädigter Kunden und Anleger im Finanzdienstleistungsbereich – oft »kleine« Anleger im Rentenalter, die im Vertrauen auf ihre Berater ihre Altersversorgung verloren haben, aber auch Prominente und mittelständische Unternehmer, deren Lebenswerk durch Falschberatung finanziell zerstört wurde. Viele dieser Menschen befinden sich wegen ihres wirtschaftlichen Schiffsbruchs in einer Lebenskrise, aus der wir ihnen in den Verhandlungen mit den Banken herauszuhelfen versuchen.

Hatten Sie ein bisschen Angst vor dem Risiko, dass Ihr neuer Lebensplan misslingen könnte?

Ehrlich gesagt nein, weil sich alles stufenweise entwickelte. Zunächst spielte in meiner neuen anwaltlichen Tätigkeit der Bereich Luftverkehr eine große Rolle. Nach dem Zusammenbruch der Sowjetunion wurde Beratung osteuropäischer Staaten auf diesem Gebiet notwendig. Mit dem Freund und Kollegen Elmar Giemulla und auch mit anderen Partnern wie etwa der Lufthansa wurden Gesetzes- und Organisationsdefizite behoben, die die neuen Staaten Osteuropas hatten – dies vor allem im Auftrag der EU-Kommission. Ich war also sehr oft in den osteuropäischen Staaten unterwegs, vor allem in Moskau, Kiew, Minsk, aber auch in den Kaukasus-Staaten, und habe dort den Aufbruch miterlebt. Eine aufregende Zeit, diesen Übergang nach Jahrzehnten der Diktatur mitzuerleben.

Wie sahen Sie Ihre Rolle als sogenannter Opferanwalt?

Diese Bezeichnung gefällt mir eigentlich nicht, sie ist abgenutzt. Ich war und bin Anwalt von Geschädigten. Mich haben Menschen, die schwach sind und die für ihr Recht kämpfen, immer mehr interessiert als diejenigen, die mächtig sind. Deshalb bin ich nicht wie andere Politiker-Kollegen zu einer Versicherung gegangen oder zu einem Finanzdienstleistungsunternehmen.

Ich werde nie vergessen, wie ich in der Lok-Halle in Göttingen vor Tausenden von Geschädigten stand und redete. Sie waren durch überteuert gekaufte »Schrott«-Immobilien um ihre Alterssicherung betrogen worden. Ich schaute dabei in die Gesichter der Abgezockten. In diesen spiegelten sich ganze Lebensschicksale.

Aufgrund der verbraucherfeindlichen Rechtsprechung war es schwierig, den Geschädigten vor Gericht zu ihrem Recht zu verhelfen. Insbesondere die Beweislastverteilung vor Gericht machte es kaum möglich, Prozesse zu gewinnen. Dokumente, die belegen könnten, dass Vermittler und Bank kollusiv zum Nachteil der Anleger zusammengewirkt hatten, müssen von der Bank im Prozess nicht vorgelegt werden. So waren wir meist nur erfolgreich, wenn uns Hintergrundmaterial von Dritten zugespielt wurde. Hinzu kommt, dass es nicht sinnvoll ist, auf eine Entscheidung zu warten, wenn sich diese Prozesse durch mehrere Instanzen über Jahre hinweg ziehen. Oft geht es um Summen, die die schiere Existenz bedeuten. Wir haben deshalb die meisten Verfahren außergerichtlich oder durch Vergleiche vor Gericht beigelegt. Im Schrottimmobilienskandal haben die Banken, die Rechtsprechung, die Finanzaufsicht und nicht zuletzt die Politik versagt. Insofern ist er exemplarisch.

Wie nahmen die Menschen solche Schicksalsschläge auf?

Es hat mich immer beschäftigt, wie ein einzelner Mensch mit einem solchen Schicksalsschlag umgeht. Selbst der Verlust einer relativ kleinen Summe durch betrügerische Finanzdienstleister kann für manchen schon von existenzieller Bedeutung sein. Das Vertrauen dieser Menschen ist oft missbraucht worden. Noch berührender ist es, wenn ich Menschen begegne, die etwa bei einem Flugzeugabsturz oder bei einer anderen Katastrophe Angehörige verloren haben. Meine Rolle als Anwalt sehe ich nicht nur als die eines Rechtsberaters, sondern in gewisser Weise auch als die eines Lebensberaters.

Welche Defizite haben Sie im Bereich des Verbraucherschutzes festgestellt?

In Deutschland begann sich der Verbraucherschutz zu etablieren, als Gustav Dahrendorf – der Vater von Ralf Dahrendorf – 1953 die Arbeitsgemeinschaft der Verbraucherverbände gründete. Sein Ziel war es, den Verbraucher »aus seiner Vereinzelung« zu befreien, ihn aus der Position des »vergessenen Sozialpartners« zu holen und zum »Subjekt der Wirtschaft« zu machen.

Der Verbraucherschutz im Bereich der Finanzen und des Kapitalmarkts hat sich allerdings nur sehr langsam entwickelt. Erst die Finanz- und Wirtschaftskrisen des letzten Jahrzehnts gaben ihm einen neuen Schub. Die Schwachstellen wurden aufgespürt und Thema öffentlicher Auseinandersetzungen. Edda Müller, bis 2007

Vorstand des Bundesverbandes Verbraucherzentrale e.V., hat diesen Prozess energisch mit angestoßen. Auch die Politik entdeckte dieses Feld, ohne allerdings einen konsequenten Schutz zu gewährleisten. Ohne zusätzliche Altersvorsorge kann der erreichte Lebensstandard im Rentenalter heute kaum noch gehalten werden. Die Anbieter von Vorsorgeprodukten stehen in einer besonderen Verantwortung und auch der Staat, der die Menschen auf die Notwendigkeit einer Eigenvorsorge verpflichten will. Hier muss ich wieder an Ludwig Erhard erinnern, der sagte: »Soziale Marktwirtschaft ist eine Veranstaltung für die Verbraucher, nicht für die Wirtschaft.« Marktwirtschaft braucht auch auf diesem Feld faire Spielregeln.

Wie gehen Sie im Interesse Ihrer Mandanten mit Ihren mächtigen Gegnern um?

Es geht oft um Fälle, in denen sich Geschädigte in einer David-gegen-Goliath-Situation befinden, zum Beispiel der geprellte Anleger oder das Unfallopfer gegen einen Finanz- oder Versicherungskonzern. Wir versuchen, die Schwächeren auf Augenhöhe gegen einen oft mächtigen Gegner zu bringen. Die Anwälte unserer Kanzlei verfolgen insofern zugleich Ziele, die ein Umdenken in der Gesellschaft bewirken sollen. Sie werden regelmäßig als Sachverständige in Gesetzgebungsausschüsse des Bundestages eingeladen.

Sie haben neben Ihrer Rolle als Anwalt auch einen politischen Ehrgeiz, die rechtlichen Rahmenbedingungen zu verbessern?

Waffengleichheit ist nur durch Umkehr der Beweislast herzustellen. Wir kämpfen dafür, dass die Bank beweisen muss, ordentlich beraten zu haben. Auch die Finanzaufsicht muss neben der Solvenzaufsicht den Verbraucherschutz einbeziehen.

Wir fordern den *Fair Deal* mit dem Verbraucher, wie er beispielsweise in der englischen oder US-amerikanischen Finanzaufsicht die Regel ist. Die Lehman-Brothers-Zertifikate, die in Deutschland Zigtausende Sparvermögen älterer Menschen ruiniert haben, durften in den USA überhaupt nicht an US-Bürger verkauft werden. Obama hat in den USA als Konsequenz aus der Finanzkrise eine starke Verbraucherschutzbehörde gegründet und die Finanzaufsicht gestärkt. Warum geschieht das nicht bei uns?

Wir haben uns auf Anlegerschutz, auf Bank- und Kapitalmarktrecht sowie auf Arbeitsrecht spezialisiert. Gleichzeitig haben wir uns darauf festgelegt, grundsätzlich keine Banken, Versicherungen oder andere Finanzdienstleister zu vertreten. Im jährlich durchgeführten Ranking der deutschen Anwaltskanzleien stehen wir in diesem Spezialsegment immer wieder an vorderster Stelle. Wir sind stolz auf unsere große Reputation.

Immer wieder vertreten wir auch Mandanten, die uns nicht unbedingt Geld bringen. So haben wir – im Gegensatz zu anderen Anwälten – oftmals Mandanten dringendst abgeraten, sich auf Rechtsstreitigkeiten einzulassen, wenn die Chance zu gewinnen, nicht gegeben war. Auf eine erste Enttäuschung sollte keine zweite folgen.

Seit einiger Zeit befassen wir uns anwaltlich auch mit dem Datenschutzrecht: Neben den erfolgreichen Verfassungsbeschwerden u.a. gegen die Online-Durchsuchung und gegen die Vorratsdatenspeicherung haben wir die Betroffenen des Telekom-Bespitzelungsskandals vertreten und die Sonderermittlung in der Datenschutzaffäre der Deutschen Bahn durchgeführt, gemeinsam mit der Kanzlei der ehemaligen Bundesjustizministerin Hertha Däubler-Gmelin. Im Datenschutz- und IT-Recht leisten wir im Übrigen auch Rechtsberatung für viele Unternehmen, wenn es z.B. um die Einrichtung von Compliance-Organisationen, den Beschäftigtendatenschutz oder den Umgang mit sozialen Netzwerken geht. Einige unserer Mandanten sind Unternehmen, die erkannt haben, dass Datenschutz ein Qualitätsverbesserungsmerkmal der Marktwirtschaft ist. Sie wollen Frontrunner in diesem Bereich werden. Datenschutz ist zugleich Kundenschutz und Verbraucherschutz. Ein Unternehmen kann sich damit einen erheblichen Wettbewerbsvorteil gegenüber der internationalen Konkurrenz verschaffen. Diese Unternehmen wollen wir mit unserer Beratung gewinnen. Früher hatten wir eine solche Situation auch im Umweltschutz. Es hat in Deutschland lange gedauert, bis Umweltauflagen nicht allein als bürokratische Last empfunden wurden. Zum Glück erkennen einige Unternehmen zunehmend, dass sie aus diesem vermeintlichen Nachteil einen Wettbewerbsvorteil machen können.

Es geht ja häufig um die Frage von Entschädigungen für erlittenes Unrecht. Wie wichtig ist dieses Thema für die Opfer und ihre Angehörigen? Gibt es denn eine Wiedergutmachung im eigentlichen Sinn durch Geld?

Entschädigung in Geld ist nicht alles. Die Opfer sind an Genugtuung interessiert, an einem Zeichen der Wiedergutmachung und am Eingeständnis schuldhaften Verhaltens, an einem Funken von Reue.

Am 25. Juli 2000 stürzt das Überschallflugzeug Concorde nach dem Start auf dem Pariser Charles-de-Gaulle-Flughafen ab. 113 Menschen sterben, darunter 93 deutsche Touristen. Welche Rolle hatten Sie als Anwalt?

Bevor ich auf diese Frage eingehe, möchte ich darauf hinweisen, dass ich bereits vorher nach Flugzeugabstürzen und anderen Katastrophen Opfer vertreten habe, die meisten gemeinsam mit meinem Kollegen und Luftrechtsspezialisten Elmar Giemulla. Ich nenne nur als Stichworte: Lockerbie, Ramstein, Djerba, Abstürze vor Namibia und vor der Dominikanischen Republik sowie bei Überlingen.

Zum Fall Concorde: Wiederum in Zusammenarbeit mit Elmar Giemulla und weiteren Kollegen habe ich die meisten Angehörigen vertreten, insgesamt etwa 80 Familien. Es war uns gelungen, den Gerichtsstand USA zu erreichen, und zwar durch eine einzige Tatsache: Die Passagiere hatten ein One-Way-Ticket nach New York gebucht. Die Hinterbliebenen erhielten Schmerzensgeld für sich und ihre verstorbenen Angehörigen, relativ hohe Summen. Die Regelung war beispielhaft: Die Entschädigung erfolgte sehr rasch, ohne dass zu diesem Zeitpunkt schon der Schuldige festgestellt worden war. So eine Regelung stellen wir uns auch für die Opfer der Loveparade vor.

Der seelische Schmerz, den ein Mensch erleidet, wiegt im deutschen Schadenersatzrecht geringer als in europäischen Nachbarstaaten, vor allem aber im Vergleich zu den Vereinigten Staaten. Der immaterielle Schaden wird nach unserer Rechtslage unterbewertet. In Deutschland besteht offenbar die Auffassung, es sei unanständig, einen seelischen Schmerz mit Geld zu kompensieren. Das muss dringend geändert werden.

Wir haben bereits die Loveparade erwähnt. Seit der Katastrophe in Duisburg stehen Sie mit vielen Opfern und deren Angehörigen in Kontakt und vertreten mit Ihrer Kanzlei 89 Mandate. Warum gibt es bis heute niemanden, der für diese Katastrophe Verantwortung übernimmt?

Die Polizei untersucht zurzeit die strafrechtliche Verantwortung. Doch es wird wohl noch lange dauern, bis jemand rechtskräftig verurteilt ist. Daneben gibt es die Verantwortung, die sich aus der mangelhaften Organisation der Veranstaltung ergibt. Man muss die strafrechtliche von der Organisationsverantwortung und von der politischen Verantwortung trennen. Deshalb versuchen wir zunächst einmal, die Hauptplayer dazu zu bringen, ihre Verantwortung zu übernehmen. Meines Erachtens haben alle Beteiligten Fehler gemacht: der Veranstalter, die Stadt, das Land und die Polizei, welchen Anteil im Einzelnen sie auch haben mögen.

Sie planen für die Opfer eine Stiftung.

Durch eine Stiftung könnte man Entschädigungen vornehmen, die gemeinsam von allen Beteiligten finanziert würden, bevor die Einzelheiten rechtlich geklärt sind. Das könnte sich noch sehr lange hinziehen.

Was bedeutet es denn für Opfer, jahrelang warten zu müssen, bis eine juristische Klärung erzielt ist?

Für die Opfer ist es eine große Belastung, auch finanziell. Einige bedürfen einer langwierigen medizinischen Behandlung. Wer übernimmt hier die anfallenden Kosten? Möglicherweise ist eine Behandlung wegen traumatischer Spätfolgen notwendig. Ein junger Mensch, der miterlebt hat, wie neben ihm seine Freunde zu Tode getrampelt worden sind, trägt das möglicherweise ein ganzes Leben mit sich und braucht eine psychotherapeutische Behandlung auch noch nach vielen Jahren.

Welche Lehren ziehen Sie schon jetzt aus der Love-Parade-Katastrophe?

Die Love Parade und das unwürdige Gezerre um die Frage der Verantwortung für die Katastrophe hat bei vielen Menschen Vertrauen zerstört: Vertrauen in die Sicherheit von Großveranstaltungen, in staatliche Kontrollen, in die Kompetenz von Verantwortlichen. Dieses Vertrauen zurückzugewinnen, wird mühsam werden. Man wünscht sich, dass zumindest zwei Dinge aus der Love-Parade-Katastrophe gelernt werden: Veranstalter von Großereignissen müssen gezwungen werden, sich für den *worst case* angemessen zu versichern. Und: Nie wieder darf es in Deutschland eine derart miserabel geplante und schlecht kontrollierte Massenveranstaltung geben.

Sie vertraten einige Hundert Mandanten, die sich vom Finanzdienstleister AWD geprellt fühlten. Der langjährige Firmenchef Carsten Maschmeyer hat seine Agentur mittlerweile verkauft und spricht von Einzelfällen. Wie sieht es nach Ihrer Einschätzung wirklich aus?

Maschmeyer ist für uns eine besondere Reizfigur. Er hat einen wirtschaftlich sehr erfolgreichen Finanzdienstleister aufgebaut. Damit hat er enorm viel Geld verdient, nach unserem Empfinden allerdings mit äußerst aggressiven Verkaufsmethoden.

Die AWD-Berater standen oft unter einem hohen Verkaufsdruck. Das heißt, sie haben mit allen Mitteln versucht, Finanzprodukte an den Mann und an die Frau zu bringen. Darunter waren sehr schwache Produkte, die nicht das gebracht haben, was den Anlegern in Aussicht gestellt worden war. Maschmeyer hat dafür sogenannte Drückerkolonnen beschäftigt. Ein Fernsehbeitrag des Norddeutschen Rundfunks hatte den bezeichnenden Titel »König der Drückerkolonne«. Nimmt man die vom AWD vermittelten Graumarkt-Produkte – z.B. DLF, Immobilienfonds (Falk-, Fundus-, DCM-Fonds) oder Medien-Fonds (IMF) – so kann man ohne Übertreibung sagen, dass infolge dieser AWD-Vermittlungen deutschen Anlegern Schäden in Milliardenhöhe entstanden sind. Wenn Carsten Maschmeyer heute also sagt, Deutschland sei gut zu ihm gewesen, kann man aus Sicht dieser Anleger wohl kaum sagen, dass er gut zu Deutschland war. Wir haben eine Anzahl von Geschädigten vertreten und uns in einer Reihe von Fällen mit dem AWD geeinigt. Aber einige Male sind wir unterlegen, weil wir einfach nicht die notwendigen Beweise hatten.

Wenn Maschmeyer jetzt ein Buch publiziert und den Menschen einen Weg zum Erfolg zeigen will, ist das geradezu zynisch. Denn zum Teil jedenfalls war er erfolgreich auf Kosten anderer. Es befremdet schon sehr, wenn dieses Buch auf Bestsellerlisten landet und Maschmeyer sich in seinen angeblichen Erfolgen sonnt. Völlig unverständlich ist mir, dass Spitzen unseres Staates zu den persönlichen Freunden von Carsten Maschmeyer gehören und ihn unterstützt haben.

Sind die Kunden weitgehend machtlos, wenn sie durch Anlagegeschäfte ihr Geld verlieren?

Viele Menschen haben in den letzten Jahren ihr Geld bei Banken verloren. Auch mit Finanzprodukten, von denen sogar ein prominenter Banker, nämlich Hilmar Kopper, einmal gesagt hatte, er verstünde sie selber nicht. Und doch wurde in den letzten Jahrzehnten immer wieder mit Produkten gehandelt, die nicht oder nur schwer durchschaubar waren. Da ist Maschmeyer kein Ausnahmefall.

Müssen die Menschen sich im Klaren sein, dass die Banken keine Berater, sondern Verkäufer beschäftigen?

Es ist ja so, dass viele, gerade auch ältere Leute, in dem Bankberater noch den Bankbeamten sehen, dem sie vorbehaltlos vertrauen können. Sie erkennen dabei nicht, dass der Berater oft unter einem ungeheuren Erfolgsdruck steht. Seine Bezüge sind in den meisten Fällen abhängig vom Verkaufserlös. Das heißt, er arbeitet provisionsorientiert und nicht in erster Linie kundenorientiert.

Müsste das offener dargelegt werden?

Inzwischen ist durch den Gesetzgeber allerhand geschehen, um eine stärkere Transparenz herbeizuführen. Doch dem Verbraucher steht auch eine andere Möglichkeit offen, nämlich sich gegen Honorar beraten zu lassen. Etwa bei der Quirin Bank. Bezahlt wird die Beratung dort nach Stundenaufwand. Im Gegenzug versichert der Berater, dass er keinerlei Provision nimmt. Auch wenn Provisionen heute offengelegt werden müssen – da sind wir sehr viel weitergekommen –, ist der Honorarberater grundsätzlich unabhängiger bei der Auswahl der Produkte.

Eine weitere Gruppe von Menschen, um die Sie sich als Opferanwalt gekümmert haben, war in einer noch viel beklagenswerteren Lage. Ich meine Ihr Engagement für die russischen Zwangsarbeiter. Wie kam es zu dieser Verbindung?

Für mich bedeutet dieses Mandat eine ganz wichtige Lebenserfahrung. Ich hatte schon immer Kontakte zu Russland, auch emotionale. Meine Großeltern waren Russen, meine Mutter wurde in Moskau geboren. Mir ist die russische Lebens- und Wesensart sehr vertraut und sympathisch. Daher habe ich mich in Russland immer wohlgefühlt. Bereits 1966 hatte ich als Vorsitzender des Jugendverbandes der FDP, den Deutschen Jungdemokraten, Russland bereist. Es ergaben sich vielfältige persönliche und politische Kontakte, die sich auch in Gegenbesuchen vertieften. Wir wollten auf unserer Ebene die Fronten des Kalten Krieges aufbrechen.

War zu diesem Zeitpunkt ein freier Gedankenaustausch möglich?

Es war wohl eher ein gelenkter Gedankenaustausch, aber doch mit einiger Wirkung, auch auf unsere Gesprächspartner. So setzten wir uns etwa für die inhaftierten Dissidenten ein. Natürlich sprachen wir mit vom Regime ausgesuchten Leuten, aber immerhin waren wir damals die einzige deutsche Jugendorganisation, die solche Kontakte pflegte.

Wie kam es zu dem Zwangsarbeiter-Mandat?

Nach jahrelangem Stillstand kam die Sache erst durch Klagen der Opfer gegen deutsche Firmen in den USA in Bewegung. Noch so gute Argumente für eine Entschädigung wurden vorher auch durch die Mehrheit meiner Fraktion abgelehnt. Ich wurde von Russen kontaktiert und habe sofort zugestimmt, das Mandat zu übernehmen. Mithilfe eines ehemaligen russischen Botschafters in der Bundesrepublik Deutschland haben wir Druck gemacht. Meine Rolle war schließlich die eines Koordinators für alle Osteuropäer. Ich konnte diese gut beraten, weil ich ja wusste, wie man mit der deutschen Regierung und mit deutschen Parlamentariern umgeht. Nach und nach konnten wir die Entschädigungssumme nach oben treiben. Graf Lambsdorff, der die Seite der Bundesregierung vertrat, leistete Widerstand. Aber der Druck – auch durch die amerikanische Regierung – war zu stark. Die deutschen Firmen fürchteten hohe Entschädigungsansprüche. Ich habe mehrfach mit den Amerikanern und den Opfergruppen in Washington zusammengesessen, um Strategien gegen die zögernde Bundesregierung zu entwickeln. Es wurde dann das bekannte Ergebnis erzielt, was mich heute noch sehr befriedigt.

Das war ein typischer Fall, in dem ich meine anwaltliche Tätigkeit mit meiner politischen Überzeugung und meinem politischen Einfluss verbinden konnte.

DIE SICHERUNG DER MENSCHENRECHTE – EINE LEBENSAUFGABE

Sie haben sich als Jurist und Politiker nicht nur in Ihren Rollen als parlamentarischer Staatssekretär wie als Innenminister und später als Bundestagsabgeordneter intensiv mit dem Thema Menschenrechte befasst. Bis heute bewegt es Sie sehr. Was war der Anstoß, sich dafür so stark zu engagieren?

Vor allem die deutsche Vergangenheit. Ich habe ja noch das Ende der Nazizeit bewusst miterlebt: den Unterdrückungsmechanismus, dieses Sich-ducken-Müssen gegenüber Blockwarten, wehrlos ausgesetzt zu sein auch gegenüber anderen Instrumenten eines totalitären Staates. Das habe ich tagtäglich vor Augen gehabt und dann auch erfahren, wie nach dem Zusammenbruch die Vertreter des Regimes jämmerlich das Weite suchten. Mächtige Leute, die in ihrem Ort – am Tegernsee habe ich das erlebt – das Sagen hatten und dann plötzlich nichts mehr waren. Diese Diktatur hat noch lange ihre Spuren hinterlassen. Hinzu kam, dass sich in der DDR in anderer Weise ein neuer Unrechtsstaat entwickelte.

Diese beiden historischen Situationen auf deutschem Boden – die Nazidiktatur und das, was dann in der DDR passierte – haben mich nie mehr losgelassen. Später, bei meinen vielen Reisen durch die ganze Welt, habe ich gesehen, dass die Unterdrückungsmechanismen und die Ohnmacht der Betroffenen überall exakt die gleichen waren. Das Ziel ist immer, die politischen Gegner mundtot zu machen, zu verfolgen, zu inhaftieren, zu foltern, und im äußersten Fall zu töten. Alles nur, um Macht zu erringen oder zu behalten. Für mich als Deutschen mit der Lebenserfahrung von zwei Diktaturen auf deutschem Boden ergab sich daraus eine besondere Verpflichtung, eine immerwährende Motivation. Nicht das Recht an sich, sondern das Recht des Stärkeren, eben nackte Willkür, setzt sich in allen Diktaturen durch. Das war und ist nicht zu akzeptieren.

Was war für Sie in der Menschenrechtspolitik besonders wichtig?

Für mich waren nicht diese vielen Konferenzen, Verträge und Resolutionen maßgebend, auch wenn sie natürlich eine Funktion haben. Ich habe alle bürokratischen Akte immer daran gemessen, was sich für die betroffenen Menschen wirklich ändert. Mit der Zeit entwickelte ich eine richtige Aversion gegen diese Art von Konferenzen, die sich oft selbst genug waren.

Worin liegen eigentlich die Wurzeln für die Menschenrechte?

Der zentrale Gedanke der unantastbaren Menschenwürde hat sich entwickelt aus der Antike über die europäische Aufklärung bis in unsere Zeit und ist beeinflusst durch unsere christlich-jüdische Tradition. Die beiden verfassungsrechtlichen Grundpfeiler sind die amerikanische Unabhängigkeitserklärung von 1776 und die Erklärung der Menschen- und Bürgerrechte nach der Französischen Revolution von 1789. Wir stehen sozusagen vor einem transatlantischen Gebäude, vor dem »normativen Projekt des Westens«, wie Heinrich-August Winkler dieses nennt. Die Allgemeine Erklärung der Menschenrechte der Vereinten Nationen von 1948 ist dann eine unmittelbare und unmissverständliche Reaktion auf die Jahre der Barbarei bis 1945. In den Beziehungen der Völker untereinander hat es eine solche Selbstverpflichtung vorher nicht gegeben. Sie ist verabschiedet worden in einer glücklichen, politischen Konstellation.

Der Ostblock hat die Verabschiedung nicht verhindert, sondern sich gemeinsam mit einigen wenigen Staaten nur der Stimme enthalten.

Das Prinzip der Menschenwürde in unserer deutschen Verfassung folgt der »Allgemeinen Erklärung«. Es verpflichtet uns verfassungsrechtlich, nicht nur die Menschenwürde hier im eigenen Land, sondern weltweit zu verteidigen.

Gibt es denn andere Verfassungen, die so weit gehen wie unser Grundgesetz mit dem Artikel 1?

Wir sind mit unserem Grundgesetz schon sehr strikt. Unser Bekenntnis zur Menschenwürde ist kein Lippenbekenntnis. Unsere Grundrechte sind keine schönen Absichtserklärungen, sondern einklagbare Rechtsansprüche, wie ich das zum Beispiel vor dem Bundesverfassungsgericht mehrfach getan habe.

Sie waren sechs Jahre lang – von 1992 bis 1998 – Leiter der Deutschen Delegation bei der UNO-Menschenrechtskommission. Was führte Sie in diesen Aufgabenbereich und was glaubten Sie, als Sie dort antraten, bewegen zu können?

Genscher war gerade noch Außenminister, als er mir diese Aufgabe übertrug. Sein Nachfolger Kinkel hat diese dann bestätigt. Beide unterstützten mich sehr in diesem für mich neuen und sehr komplexen Arbeitsfeld. Die Kommission war kein Parlament, wie ich es kannte. Sie folgte diplomatischen Regeln, für mich ungewohnte Wege zur Meinungs- und Entscheidungsbildung. Die meisten anderen Staaten wurden durch Diplomaten vertreten. Dennoch konnte ich mich als Politiker einbringen. Meinungsverschiedenheiten zwischen den bestens geschulten Diplomaten und mir konnten wir auflösen. Durch intensive Öffentlichkeitsarbeit konnte ich unsere Tätigkeit in Genf schließlich auch hier im Lande bekannter machen.

Welche Bedeutung hat die Menschenrechtskommission und heute der Menschenrechtsrat in Genf?

Diese Gremien sollen – das war ihr Auftrag von Anfang an – darüber wachen, dass die »Allgemeine Erklärung« befolgt wird. Beide Foren waren und sind bis heute unverzichtbar für die Menschenrechtspolitik weltweit, auch wenn die Mehrzahl ihrer Mitglieder kein ausgesprochen positives Verhältnis zu den Menschenrechten hat. Ich verweise nur auf meinen späteren Einsatz im Sudan, auf den ich noch zurückkomme. Meinungsbildend sind die Mitgliedsstaaten, zu denen auch sogenannte Unrechtsstaaten gehören. Aber auch zahlreiche Nicht-Regierungsorganisationen, sogenannte NGOs, sind regelmäßig präsent. Sie haben allerdings nur Rederecht. Dieses Forum in Genf ist Anlass, dass sich Vertreter der Unterdrückten aus aller Welt versammeln und ihre Forderungen öffentlich machen.

Das heißt, es wurden dort konkrete Beschwerden vorgetragen?

Es gibt regelmäßig Berichte und Resolutionen zu Situationen in einzelnen Ländern und zu zahlreichen Querschnittsthemen wie Folter, Religionsfreiheit, Hunger oder Unterdrückung von Frauen und Kindern. Allerdings musste ich mich bisweilen mit dem Vorwurf auseinandersetzen, in Genf würde ja nur Papier produziert. Ich konnte den Kritikern vor Augen führen, dass es sehr wichtig ist, in einem offiziellen Gremium der Vereinten Nationen die Realität der Menschenrechtsverletzungen wahrzunehmen, zu diskutieren und zu dokumentieren.

… und diese Erkenntnisse wurden öffentlich gemacht?

Ja, in offiziellen Dokumenten, auch durch Nennung von einzelnen Schicksalen, zum Beispiel von Folteropfern. Wenn eine Menschenrechtsverletzung die Öffentlichkeit erreicht, ist das schon unangenehm für die Täter. Aber oft steht eine Allianz der Täter untereinander gegen die Opfer. Sie versuchen, sich gegenseitig gegen die Kritik der Opfer zu schützen.

Wie haben denn die betroffenen Staaten auf die vorgetragene Kritik oder auf Opferlisten reagiert? Haben sie offiziell dazu Stellung genommen?

Natürlich haben sie sich gewehrt. Dabei habe ich eine interessante Erfahrung gemacht: Die verantwortlichen Machthaber wollen unter keinen Umständen hässlich erscheinen. Sie weichen aus und bestreiten den Sachverhalt. So behauptet beispielsweise der Iran gern, bei den Inhaftierten handele es sich nicht um politische Gefangene, sondern um Drogendealer. Wir – das ist immer der Westen, das ist Europa, das sind die USA, das sind Kanada, Australien und andere Demokratien – spüren die Menschenrechtsverletzungen auf, kritisieren sie und fordern die verantwortlichen Regierungen auf, die Menschenrechte zu respektieren. Oft haben wir für unsere Kritik keine Mehrheiten erhalten. Um diese zu erzielen, mussten Allianzen gebildet werden. Mein damaliger Mitstreiter in der Deutschen Botschaft in Genf – Michael Schaefer, der jetzige Botschafter in Peking – war darin sehr geschickt. Er ist ein außerordentlich befähigter Diplomat, der Initiativen entwickelte und der Menschenrechtspolitik in Genf neue Impulse gab. Unterstützt wurde er im Auswärtigen Amt von seinem Vorgesetzten Gunter Pleuger, dem späteren Staatssekretär, und von den jeweiligen deutschen Botschaftern in Genf. Mit Schaefer habe ich übrigens 1998 ein Buch herausgegeben: »Der Menschenrechtsschutz in der Praxis der Vereinten Nationen«. Darin haben wir gemeinsam mit anderen Autoren unsere Erfahrungen zusammengefasst. Meine Grundeinstellung bei der Menschenrechtsarbeit ist bis heute: Menschenrechtspolitik ist immer Einmischung.

Einen Aspekt hatte ich bei meiner Arbeit in Genf vollkommen unterschätzt: die Nachwirkungen des Kolonialismus. Menschenrechtspolitik wird von der sogenannten Dritten Welt vielfach als Wiederbelebung des Kolonialismus empfunden. Selbst Indien, eine stabile Demokratie, war oft nur schwer zu überzeugen, sich uns anzuschließen. In Wahrheit beruhen alle Weltkulturen auf dem Schutz des Menschen und seiner Würde, auch wenn sie keine Phase der Aufklärung erlebt haben.

Kann man die These aufrechterhalten, dass Länder, die nach der Kolonialzeit in die Unabhängigkeit entlassen worden sind, in Afrika und anderswo, sehr wohl die Unterdrückungsmechanismen der Kolonialherren kopierten?

Ja, oft auch unter dem Einfluss des Ostblocks in der Zeit des Kalten Krieges. Zum Beispiel als die Bundesrepublik sich weigerte, nach der sogenannten Hallstein-Doktrin mit Staaten zusammenzuarbeiten, die die DDR anerkannt hatten. Andererseits mussten wir zum Beispiel mit Enttäuschung feststellen, dass sich Südafrika – nachdem es von der Apartheid befreit war – nicht konsequent für die Menschenrechte auf dem afrikanischen Kontinent einsetzte, als es etwa um die Katastrophe in Darfur ging.

Im Jahr 2013 wird sich die Wiener Menschenrechtskonferenz der UN zum 20. Mal jähren. Die Konferenz war damals bahnbrechend, weil sie deutliche Signale setzte und die menschenrechtlichen Gräben des Kalten Krieges überwand. Was war Ihrer Meinung nach das wichtigste Ergebnis dieser Konferenz?

Ich war deutscher Delegationsleiter. Diese Konferenz war wirklich ein Höhepunkt in meiner Menschenrechtsarbeit. Unter heftigem Tauziehen haben wir eine Abschlusserklärung erkämpft, die der Allgemeinen Erklärung von 1948 entsprach und diese fortentwickelte. Wir mussten uns dagegen wehren, dass eine ganze Reihe von Staaten den Menschenrechtsanspruch relativieren, ihn verwässern wollte durch Hinweise auf andere Kulturen und Religionen. Der größte Erfolg von Wien war, die Menschenrechte als universelle, unteilbare Menschenrechte erneut zu bekräftigen. Das ist gelungen unter anderem deshalb, weil während dieser Zeit nicht weit weg von Wien die schrecklichen Gewalttaten im früheren Jugoslawien stattfanden und die Zusammenarbeit mit den früheren Ostblockstaaten gut funktionierte. In Wien wurde das Projekt des Internationalen Strafgerichtshofes vorangetrieben. Inzwischen ist er gegründet und aktiv. Ein Hochkommissar für Menschenrechte wurde gefordert und später eingerichtet. Damit sind die Menschenrechte bei den Vereinten Nationen als Querschnittsthema anerkannt worden. Menschenrechtsverletzungen an Frauen und Kindern wurden zu einem sichtbaren Thema. Neben den klassischen Themen wurde auch der Blick auf die sozialen und kulturellen Menschenrechte geschärft. Die Rechte der Nicht-Regierungsorganisationen konnten gefestigt werden. Ein Kollege, mit dem ich sehr eng zusammenarbeitete, war der französische Delegationsleiter Stéphane Hessel, dessen Buch »Empört Euch« auch in Deutschland zu einem überragenden Erfolg wurde. Er war bereits 1948 Sekretär der UN-Menschenrechtskommission und schon bei der Verabschiedung der Allgemeinen Erklärung als junger Diplomat dabei.

Sie waren danach zwei Jahre lang UN-Sonderberichterstatter für den Sudan. Was waren dort Ihre Aufgaben?

Ich wechselte meinen Auftraggeber und wurde nun für die Vereinten Nationen tätig. Es galt, die Menschenrechtssituation im Sudan zu untersuchen und zu bewerten. Unter anderem durch intensive Kontakte zur dortigen Zivilgesellschaft, also zu Menschenrechtsanwälten, Frauenorganisationen, zu einzelnen Opfern oder zu Redakteuren von (verbotenen) Zeitungen. Und natürlich zu Politikern von Regierung und Opposition. Im Rahmen des Mandats war ich etwa drei Monate im Jahr unterwegs. Meine Berichte musste ich vor der UN-Generalversammlung in New York vertreten.

Standen Sie dabei immer unter dem Schutz der Vereinten Nationen?

Ich konnte die gesamte Logistik der Vereinten Nationen nutzen, durfte aber nur Gebiete besuchen, in denen ich nicht gefährdet war. Wir flogen oft stundenlang mit einer kleinen Cessna immer wieder durch Gewitterfronten über dieses riesige Land und landeten auf kleinen Urwaldpisten. Ich begegnete vielen unterschiedlichen Stämmen und Menschen, die mir in der Regel herzlich entgegenkamen. Der Süden ist tropisch. Dort gibt es riesige Sümpfe, so weit das Auge reicht. Wenn man darüber fliegt, spiegelt sich die Sonne im Wasser. Im Norden ist die Landschaft dagegen von Wüste geprägt. Ein faszinierendes Land mit einem großen ökonomischen Potenzial. Als ich dort tätig wurde, dauerte der Krieg zwischen Nord- und Südsudan schon viele Jahre und hatte das Land schrecklich zerrissen. Die englischen Kolonialherren hatten einen Staat zurückgelassen, der in dieser Form mit sich selbst nicht zurechtkam. Bis heute herrscht große Instabilität.

Die Weltgemeinschaft hat in der Region Darfur die Ermordung von Zehntausenden geduldet, massenhafte Vergewaltigungen und die Vertreibung von weit mehr als zwei Millionen Menschen hingenommen. Warum geschah nichts, außer der Verurteilung durch den Weltsicherheitsrat? Und das war schon schwierig genug!

Im Sudan herrscht eine außerordentlich komplexe Situation. Durch ein Friedensabkommen in den 1990er-Jahren ist der Krieg zwischen Nord und Süd formell beendet worden. Die Lage hat sich aber bis heute nicht beruhigt. Der Nord- und der Südsudan tragen bis jetzt heftige kriegerische Konflikte aus. Die beiden Staaten sind auch in ihrem inneren Gefüge nicht stabil. Neben dem Nord-Süd-Konflikt ist Anfang der 1990er-Jahre ein neuer Brandherd im Norden entstanden – in Darfur. Lange vorher hatten wir vergebens vor dem Ausbruch dieses Konflikts gewarnt. Die Ursache liegt in der politischen und ökonomischen Vernachlässigung dieser Region, die so groß ist wie Frankreich. Ich habe die Regierenden in Khartum zu überzeugen versucht, den Konflikt politisch zu lösen. Sie sind bis heute der Meinung, sie müssten militärische Gewalt anwenden und instrumentalisieren dazu Stammesfehden. Das heißt unter dem Strich: Sie haben Menschen verfolgt und vertrieben, insgesamt etwa zwei Millionen. Einige hunderttausend Menschen wurden getötet.

Bis heute ist in Darfur kein Frieden in Sicht. Die Menschen können vielfach nur mit humanitärer Hilfe von außen überleben, da sie nicht mehr in der Lage sind, ihre Felder zu bestellen. Es ist der Völkergemeinschaft, auch den Europäern, nicht gelungen, die regierenden Nilaraber in Khartum so unter Druck zu setzen, dass sie einlenken. Ich bin immer davon ausgegangen, dass politischer und ökonomischer Druck etwas erreichen könnten. Aber das ist nicht geschehen, unter anderem, weil der Westen sich nicht einig war. Und deshalb kann sich die Clique um Staatspräsident Al-Baschir bis heute halten. Dabei hätten auch die im Lande wirtschaftlich engagierten Chinesen allen Grund, sich stärker für den Frieden einzusetzen.

Seit dem 1. Juli 2011 besteht der Sudan aus zwei Staaten – Nord- und Südsudan, aber der Krieg geht weiter. Der Präsident der Islamischen Republik Sudan, so heißt der Norden offiziell, Al-Baschir, unterdrückt jede Opposition mit Gewalt. Im Südsudan metzeln sich gegnerische Volksgruppen nieder. Ist der Sudan noch zu retten?

Ich gebe die Hoffnung nicht auf. Es hat viele Treffen gegeben, auch unter meiner Beteiligung, mit dem Ziel, die Gruppen zusammenzubringen und Versöhnung zu erreichen. Die Kirchen spielen dabei eine wichtige Rolle. Die Sudanbeauftragte der evangelischen Kirche, Marina Peter, betreibt diesen Prozess seit Jahren außerordentlich kenntnisreich, einfühlsam und entschieden. Ob der Sudan noch zu retten ist? Wir dürfen nicht nachlassen, es zu versuchen. Die Menschen dort wollen einfach in Frieden leben. Gerade im Sudan bin ich in meiner Meinung bestätigt worden, dass überall in der Welt – unabhängig von der Religionszugehörigkeit – die Menschenrechte eingefordert werden. Menschenrechtsbewusstsein ist dem Menschen angeboren. Es ist keine westliche Erfindung. Niemand will gefoltert, niemand will von einer Geheimpolizei verschleppt werden. Die Menschen wollen sich frei äußern, sie wollen sich versammeln, sie wollen unabhängige Zeitungen lesen. Zu sagen, in einer anderen Kultur gäbe es ein anderes Menschenrechtsverständnis, das halte ich für absolut falsch. Das ist allein ein Argument von Unterdrückern.

Nun hat ja vor Jahren der Internationale Strafgerichtshof beschlossen, dass Al-Baschir ausgeliefert wird. Er soll in Den Haag vor Gericht. Würde seine Inhaftierung den Konflikt lösen helfen?

Das wäre ein wichtiger Beitrag zum Frieden. Dass der Internationale Strafgerichtshof überhaupt tätig werden konnte, ist erst einmal ein Wunder. Denn das darf er in solchen Situationen nur mit Beschluss des Sicherheitsrates. Und dieser hat beschlossen, die Menschenrechtsverletzungen in Darfur zu untersuchen und Konsequenzen daraus zu ziehen. Das war eine Jahrhundertentscheidung, mit der ich angesichts der Vetomächte China und Russland nicht gerechnet hatte. Sie haben sich aber überraschenderweise – ebenso wie die USA, die den Gerichtshof nicht anerkennen – der Stimme enthalten. Damit konnten die Ermittler tätig werden – gegen den Willen des Sudan, gegen den Willen seiner herrschenden Clique.

Es gab und gibt bis heute keine Kooperationsbereitschaft mit dem Gericht. Dennoch wurden die Schuldigen herausgefiltert: der Präsident und einzelne Personen, die Kriegsverbrechen begangen haben. Dass die Beschuldigten am Ende wirklich vor Gericht stehen, wäre zwar wichtig und würde zum Frieden beitragen, ist aber nicht allein entscheidend. Schon die Tatsache, dass nun Haftbefehle existieren, setzt ein Zeichen für die Opfer. Und schwächt die Täter. Überhaupt: Dass einzelne Personen für ihre Taten verantwortlich gemacht werden, ist eine neue Entwicklung, die schon unter anderem mit einer Reihe von Sondertribunalen zu Jugoslawien und Ruanda begonnen worden ist. Eines darf man in solchen Situationen allerdings nicht verkennen: Mitunter braucht man im Vorfeld einer strafrechtlichen Verfolgung die Machthaber selbst, um die gewünschte Konfliktlösung und Frieden zu erreichen. Im Sudan aber sind alle diese Versuche gescheitert.

Schauen wir zurück und nach vorne. Ca. 800.000 bis eine Million Tote hat der ethnische Konflikt im Jahre 1994 zwischen Hutu und Tutsi in Uganda gefordert, und die Weltgemeinschaft sah zu. Ein Jahr später findet das Massaker von Srebrenica mit ca. 8.000 Toten statt. Immer glaubte man, das sind einmalige Fälle, die sich nicht wiederholen werden. Ist das ein Irrtum?

Es gibt immer wieder Fälle von massiven Menschenrechtsverletzungen, Verbrechen gegen die Menschlichkeit. Diese beiden, die Sie genannt haben, haben sich nur in besonderer Weise in das Gedächtnis der Menschen eingebrannt. Es gab noch viele andere Fälle. Denken wir beispielsweise an Kambodscha. Auch andere Konflikte in Afrika könnte man nennen, wie etwa den Biafrakrieg Ende der 1960er-Jahre, den Bürgerkrieg in Sierra Leone in den 1990er-Jahren oder im vergangenen Jahr den Bürgerkrieg an der Elfenbeinküste. Schreckliche Dinge passieren zurzeit wieder im Kongo. Auch der Söldnerführer Ntaganda wird mit internationalem Haftbefehl gesucht. Im Kongo sind zurzeit ca. 100.000 Menschen vor ihm auf der Flucht – die Bevölkerungszahl einer mitteldeutschen Stadt.

In Kambodscha findet immerhin eine Aufarbeitung statt, auch wenn die Vorfälle schon 30 Jahre zurückliegen …

In Kambodscha arbeitet ein Gerichtshof daran. Immerhin ein weiterer Versuch, die Taten aufzuklären und die Verantwortlichen, soweit sie noch leben, zur Rechenschaft zu ziehen. Das tut auch der mit Ruanda befasste Gerichtshof. Dort sind unglaubliche Verbrechen geschehen, ohne dass eingegriffen wurde. Die Menschheit muss sich dafür schämen. Kofi Annan, der frühere Generalsekretär der Vereinten Nationen, hat sich später bei einem Besuch in Ruanda für die Völkergemeinschaft entschuldigt. Als der Konflikt in Runda hochkochte, als absehbar war, dass es zu Gewalttätigkeiten der Tutsi kommen würde, verließen die UN-Truppen das Land. Sie hatten im Angesicht einer drohenden Katastrophe das Land schutzlos zurückgelassen. Ich hatte vor einigen Jahren die Gelegenheit, mit dem UN-General, der die letzte Truppe befehligt hatte, zu diskutieren. Er hat mir geschildert, mit welchem Zorn und mit welcher Hilflosigkeit er und seine Männer das Land verlassen mussten, weil das Mandat vom Sicherheitsrat nicht verlängert wurde.

Fatal ist immer wieder, dass die Völkergemeinschaft erst reagiert, wenn die Verbrechen sichtbar werden, wenn man Berge von Leichen filmen kann. Dann gibt es Diskussionen, auch in unseren Parlamenten. Ein verhindertes, vorhersehbares Verbrechen dagegen ist selten eine Meldung wert. Wir erleben immer wieder Konflikte, die sich anbahnen und die man hätte rechtzeitig entschärfen können, wie eben in Ruanda, wohin die Franzosen übrigens auch noch Waffen geliefert hatten.

Brauchen wir umfassende, humanitäre Interventionen? Das heißt, auch militärisches Eingreifen zur Durchsetzung der Menschenrechte?

Zunächst einmal ist humanitäre Hilfe lebensrettend, beispielsweise in Darfur. Aber ohne den militärischen Schutz der Truppen der Afrikanischen Union käme die Hilfe nicht zu den Menschen. In Srebrenica geschah der Massenmord vor den Augen der niederländischen UN-Soldaten, weil diese angeblich nicht den Auftrag gehabt hätten, dort einzugreifen. In der Tat hatten sie kein sogenanntes robustes Mandat, aber sie hätten dem Massenmord nicht tatenlos zusehen dürfen. Die UN hat heute außerhalb ihres normalen Etats einen noch weit höheren Etat für ca. 80 Friedensmissionen überall in der Welt. Sie gliedern sich in verschiedene Stufen. Die äußerste Stufe mit der größten Wirkungskraft erlaubt den UN-Truppen, »robust«, also mit Waffen, in das Kriegsgeschehen einzugreifen.

Das heißt, man muss oder man kann militärisch eingreifen?

Aber selbstverständlich. Und das schlagende Beispiel ist ja Libyen. Hier lag ein Sicherheitsratsbeschluss vor, dass zwar ohne Bodentruppen, aber durch Angriffe aus der Luft auf die Gaddafi-Truppen ein Massaker in Bengasi und andere Gewalttaten gegen die Zivilbevölkerung verhindert werden sollten. Das ist ein »robuster« Eingriff. Er folgt einem neuen UN-Prinzip, das noch gar nicht in das Bewusstsein vieler Menschen eingedrungen ist. Dieses UN-Prinzip heißt »Schutz-Verantwortung«, *responsibility to protect.* 2005 hat die Generalversammlung sinngemäß beschlossen: Wir – die Völkergemeinschaft – fühlen uns verantwortlich in einer Situation schwerer Kriegs- und Menschenrechtsverletzungen, wenn der zuständige Staat die Menschen nicht schützen kann oder nicht schützen will oder sogar aktiv beteiligt ist an solchen Verbrechen. Dann muss der Sicherheitsrat tätig werden. Genau das ist in Libyen passiert. Und daran wird deutlich, was sich im Laufe der Jahrzehnte entwickelt hat: Schutzobjekt in der Menschenrechtspolitik heute ist das Individuum, der einzelne Mensch, und nicht mehr die Staaten wie früher. Also ein echter Paradigmenwechsel. Ich war zutiefst enttäuscht, dass sich Außenminister Guido Westerwelle mit der Enthaltung Deutschlands zur Libyenresolution im Sicherheitsrat dieser Schutzverantwortung entzogen hatte.

Jetzt haben Sie ja betont, Menschenrechte sind universell, gelten für alle. Warum sieht die UN dann in Syrien zu und auch in Somalia? In Syrien massakriert Baschar al-Assad die Bevölkerung und nichts passiert. In Somalia leiden die Menschen unter blanker Willkürherrschaft.

Somalia ist ein typisches Beispiel für zerfallende Staaten. Ein Eingreifen wäre außerordentlich riskant und wenig erfolgversprechend. Die UN hat in solchen Fällen überhaupt keinen Ansprechpartner mehr. In Syrien massakriert die Regierung das eigene Volk. Die UN ist blockiert durch das Vetorecht der Chinesen und der Russen. Im Sicherheitsrat kommen nur mühsam Entscheidungen zustande. Zu bedenken ist: Die Lage in Syrien und in der Region ist sehr viel komplexer und folgenreicher als in Libyen.

Menschenrechtsverletzungen finden u.a. statt in Staaten wie Kongo, Äthiopien, Senegal, Syrien und Libyen, selbst nach dem Sturz Gaddafis. Bestätigen diese Brennpunkte, dass das Thema Menschenrechte ein westliches Konzept ist, ein Wertemodell, das womöglich gar nicht hilft, die Probleme Afrikas zu lösen?

Wie gesagt: Ich bin der Meinung, dass generell keine Alternative besteht zu einer auf freien Wahlen beruhenden Demokratie, in der die Staatsgewalt vom Volk ausgeht. Das ist ein zutiefst an der Menschenwürde orientiertes Konzept und es gilt weltweit für alle Menschen. Das klingt utopisch angesichts der Verhältnisse in vielen Ländern der Erde. Aber im Kern – meine ich – kann und sollte man keine Abstufungen oder Abschwächungen zulassen. Man sollte versuchen – auch wenn es ein langwieriger Prozess ist –, das umzusetzen, was in der Allgemeinen Erklärung der Menschenrechte steht. Das ist in den letzten Jahrzehnten eigentlich ganz gut gelungen.

Es klingt vielleicht merkwürdig, angesichts der vielen Menschenrechtsverletzungen heute. Doch das Menschenrechtsthema ist insgesamt stärker geworden. In dem UN-Mechanismus spielt es heute als Querschnittsthema eine sehr viel größere Rolle als vor 20 Jahren, auch in den internationalen völkerrechtlichen Abkommen. Die Nicht-Regierungsorganisationen – Amnesty International und Human Rights Watch zum Beispiel – werden in ihrer Kritik und Wachsamkeit deutlicher wahrgenommen. Die Kommunikationsmöglichkeiten haben sich verbessert, durch das Internet sind die Menschen besser informiert und sie können sich leichter organisieren. Auch in der deutschen Außenpolitik ist die Menschenrechtspolitik heute eine unverzichtbare Komponente. Der Bundestag hat inzwischen einen Menschenrechtsausschuss eingerichtet.

Ich erinnere immer an die KSZE-Schlussakte von 1975, eine Vereinbarung zwischen dem Westen und dem Ostblock. Diese ist ein Vorbild dafür, wie die Menschenrechte in der internationalen Politik bewertet werden müssen. Drei »Körbe« hatte man in dieser Vereinbarung aufgenommen: Friedenssicherung, Wirtschaftsbeziehungen und Menschenrechte. Diese Themen sollten den gegenseitigen Beziehungen gleichberechtigt zugrunde liegen. Die KSZE-Schlussakte hatte erhebliche Wirkungen. So half sie zum Beispiel in Polen der Gewerkschaft Solidarność bei ihrem Widerstand gegen die Diktatur. Die polnische Regierung und die russische Regierung sahen sich plötzlich durch Regimegegner mit einer Vereinbarung konfrontiert, die sie selbst unterschrieben hatten. Die KSZE-Schlussakte hat zum Zusammenbruch der kommunistischen Staaten beigetragen.

Kehren wir zu den aktuellen Ereignissen zurück. Was konnten wir aus den Vorgängen in Zusammenhang mit den Revolutionen im Norden Afrikas lernen? Hat die Politik in Europa daraus Lehren gezogen?

Ich hoffe. Jahrzehntelang hatte die Politik überhaupt nicht wahrgenommen, dass im Norden Afrikas Menschen leben, die nichts anderes im Sinn haben, als so frei zu sein, wie wir das als selbstverständlich empfinden. Wir Deutsche mit unserer geschichtlichen Erfahrung haben eine besondere Verpflichtung, uns diesen Menschen zu widmen. Wir müssen Verbündete der Unterdrückten sein. Das Mindeste ist, dass wir sie wahrnehmen, Kontakt zu ihnen halten, sie ermutigen, vielleicht auch trösten in ihrem Leid. Wir können ihnen nicht in jeder Situation helfen. Unmittelbare Hilfe ist oft schwierig. Aber wir können ihnen das Bewusstsein geben: Wir unterstützen eure Forderungen nach Freiheit.

Die Menschen in den arabischen Staaten wurden schon vor 20 Jahren von den gleichen Herrschern unterdrückt. Warum haben sie jetzt ihr Freiheitsbedürfnis entdeckt. Was ist die Ursache dafür, dass es zu diesem »Flächenbrand« gekommen ist?

Es gibt viele Gründe. Einer der wichtigsten ist wohl die Möglichkeit heute, internationale Kommunikation durch das Internet zu pflegen. Dadurch erhalten die Menschen Gewissheit, dass sie durch korrupte Machtcliquen regiert werden. Siehe Tunesien oder Ägypten: Es werden plötzlich Fakten bekannt. Durch das Internet stellt man fest: Wir sind ja gar nicht allein, es gibt Zehntausende, die so denken wie wir. Und sie verabreden sich z.B. per SMS zu Demonstrationen. So entsteht ein »Flächenbrand«, der im Grunde positiv ist, ganz gleich, wie er jetzt ausgeht. Denn natürlich wird es zu Enttäuschungen kommen, wie jetzt schon in Ägypten. Aber das neue Bewusstsein kann auf Dauer nicht unterdrückt werden. Deshalb haben ja andere autoritäre Staaten, die Chinesen etwa, Angst, dass sich auch bei ihnen der Freiheitsvirus ausbreitet. Sie wollen keine Öffentlichkeit, sie wollen das Internet abschotten und allein zum Instrument ihrer Herrschaft umfunktionieren. Das Internet ist längst auch eine Waffe in den Händen der Diktatoren.

Wenn Sie auf China anspielen, das aufgrund seiner wirtschaftlichen Entwicklung politisch immer bedeutender wird, stellt sich die Frage: Wie wird sich das für die Menschheit auswirken?

Wirtschaftliche Erfolge werden den Wunsch der Menschen befördern, am Staatsgeschehen mitwirken zu können. In der Weltpolitik wird China wachsende Verantwortung übernehmen müssen und hat es auch schon getan. Auf dem Feld der Finanzen, der Weltökonomie ist ja China nicht mehr wegzudenken. Menschenrechtskritik dagegen wird vom Regime immer als Einmischung empfunden, weil sie am Kern der Herrschaft nagt. Daher gehören Menschenrechte zum schwierigsten Kapitel der internationalen Politik, auch im Umgang mit China.

Wie schätzen Sie die Rolle der Bundesrepublik in diesem Zusammenhang ein? Nutzen wir unsere Position in der Welt, um vorbildlich für die Rechte der Menschen zu streiten?

Wir tun sehr viel, aber eine Voraussetzung für unsere Glaubwürdigkeit ist, dass wir Menschenrechtsverletzungen im eigenen Land wahrnehmen und bekämpfen. Wir müssen bekennen: Auch wir sind nicht von Anfechtungen frei. Aber wenn wir Fehler erkennen, bekämpfen wir sie selbst. Das ist ein Grundunterschied zu totalitären Staaten. Beispiel: Als in Deutschland vor Jahren Ausländerheime brannten, habe ich in Genf dazu selbstkritisch Stellung genommen. Fazit: Bevor wir andere kritisieren, müssen wir bereit sein, auch selbstkritisch unsere eigene Situation zu reflektieren. Das gilt im Moment zum Beispiel besonders bei der Aufarbeitung der von Ausländerfeindlichkeit motivierten Morde der Zwickauer Terrorzelle und generell für die bestehende Fremdenfeindlichkeit.

Welche Rolle spielen die außenpolitischen Interessen einzelner Staaten bei der Frage der Menschenrechte?

Die Menschenrechtspolitik aller Staaten ist immer mit ihren außenpolitischen Interessen verknüpft. Das gilt auch für Deutschland. Es wird mitunter mit zweierlei Maß gemessen. Eine Menschenrechtsverletzung wird in einem Land kritischer beurteilt als in einem anderen, weil man außenpolitische Rücksichten nimmt. Die Amerikaner praktizieren das noch sehr viel deutlicher als wir Europäer. Die mangelnde Konsequenz der Menschenrechtspolitik ist sicherlich eine Schwäche der westlichen Länder. Aber es ist die Lebenswirklichkeit.

Ein Beispiel: Die Europäer haben mit Gaddafi in Libyen noch bis kurz vor seinem Sturz verhandelt, denn er hatte den Europäern zugesichert, den afrikanischen Flüchtlingen den Weg über das Mittelmeer nach Europa abzuschneiden. Er wurde auch im Hinblick auf die Menschenrechtsverletzungen in Libyen weitgehend in Ruhe gelassen, weil er zugesagt hatte, gemeinsam mit uns den islamistischen Terror zu bekämpfen. Er bekam also einen »Menschenrechts-Rabatt«. Und natürlich hatten viele westliche Länder wirtschaftliche Interessen in Libyen. Auf diese Weise wird das Menschenrechts-

GHADDAFI

thema immer wieder geschwächt, vor allem auch nach dem 11. September. Wir handeln oft nach politischen Opportunitäten und sind nicht konsequent genug. Diese Konsequenz müssen wir uns aber immer wieder abverlangen.

Heißt das, dass der 11. September 2001 menschenrechtlich zu einem Paradigmenwechsel geführt hat?

Davon bin ich überzeugt. Seit diesem Datum werden Sicherheit und Menschenrechte, in der öffentlichen Diskussion oftmals als Gegensatz angesehen. Die Einschränkung von Menschenrechten, ja sogar unmenschliche Behandlungen und Folter werden legitimiert, um Sicherheit vor Terrorismus zu erreichen. Weltweites Symbol hierfür ist Guantanamo. Die Antiterrorgesetze, die von den westlichen Staaten nach dem 11. September erlassen wurden, haben die Glaubwürdigkeit und die Durchsetzungskraft des Westens in Sachen Menschenrechte erheblich geschwächt. Ein prominenter britischer Richter hat es so ausgedrückt: »Die Bekämpfung des Terrorismus hat mehr Schaden angerichtet als der Terrorismus selbst.«

Warum konnte sich der amerikanische Präsident Obama, der zum Amtsantritt erklärt hat, dass er Guantanamo schließen wird, nicht durchsetzen?

Weil die republikanische Fraktion im Kongress Guantanamo mit der Verabschiedung des Militärhaushaltes der Vereinigten Staaten verknüpft hat. Das heißt, Obama musste, wenn er den Haushalt durchbekommen wollte, weiterhin Guantanamo akzeptieren. Er ist unter Druck gesetzt worden durch die Republikaner. Obama wollte das Lager schließen. Das nehme ich ihm ab. Doch auch durch Gerichtsurteile ist er daran gehindert worden. Die Justiz in den USA stand nicht voll auf seiner Seite. Aber vergleichen wir einmal Guantanamo mit einer anderen Menschenrechtssituation – nicht um Guantanamo zu rechtfertigen: In Tschetschenien sind Tausende von

Menschen umgebracht worden durch das dortige Regime – unterstützt durch Putin. Da gab es kein Lager, da gab es nur Tote, Tausende Tote.

Warum gibt es in Deutschland noch immer starke Widerstände gegen die Anerkennung der sogenannten sozialen Menschenrechte, wie das Recht auf Bildung oder auf Zugang zur medizinischen Behandlung für Menschen ohne Papiere, die in Deutschland leben?

In Deutschland leben viele Menschen, die absolut rechtlos sind, die sich gewissermaßen außerhalb jeglicher staatlichen Fürsorge und Anerkennung bewegen, weil sie keinen Aufenthaltsstatus haben. Sie leben im Dunkeln und haben Angst, sich zu offenbaren. Das ist eine Situation, bei der die Regierungen in Deutschland, aber auch in anderen Ländern fürchten, durch das internationale Völkerrecht in die Pflicht genommen zu werden.

Meinen Sie etwa damit einen Anspruch auf das Bleiberecht?

Generell besteht die Schwierigkeit, soziale Rechte nach dem Völkerrecht messbar zu definieren. Bei Folter ist das einfach, das Verbot ist definiert. Aber was ist das Recht auf Bildung, auf eine Wohnung, wenn man die unterschiedlichen Lebensverhältnisse bewertet? Sie sind in Bangladesch anders als in der Schweiz. Gegenüber diesem Teil der Menschenrechte gibt es Vorbehalte und Abwehr von Regierenden, die befürchten, in die Defensive zu geraten. Dennoch müssen wir uns bemühen, auf diesen Feldern weiterzukommen.

Gehört das Recht auf sauberes Wasser, auf Zugang zu einer Toilette, ein sicheres Zuhause wesentlich zu den Menschrechten?

Aus unserer Sicht, ja. Im Übrigen gehörte auch ein Recht auf eine medizinische Grundversorgung dazu. Alles, was die Menschen retten kann vor Hunger, Not, Krankheit und Tod, gehört im Prinzip dazu. Nur stellt sich die Frage: Welche Kräfte haben wir, welche Möglichkeit haben wir, diese Ansprüche weltweit sicherzustellen? Viele Gesellschaften leben in bitterer Armut, da geht es erst einmal ums nackte Überleben. Uns bleibt nur der Weg, durch Schaffung von fairen Rahmenbedingungen die Menschen in die Lage zu versetzen, sich irgendwann selbst helfen zu können.

Welchen Stellenwert haben Ihrer Ansicht nach die Menschenrechte im Moment in der deutschen Politik? Hat sich da in den letzten Jahren etwas geändert?

Im Grunde sehe ich eine positive Entwicklung. Die deutsche Öffentlichkeit hat im Laufe der Jahrzehnte das Menschenrechtsthema stärker wahrgenommen und hält es heute grundsätzlich für wichtig. Das kann man beispielsweise an der Art und Weise ablesen, wie deutsche Politiker mit China umgehen. Es ist gar nicht vorstellbar, dass die Kanzlerin nach China fährt und das Thema Menschenrechte unter den Tisch fällt. Immer stellt sich allerdings die Frage – und das ist von Land zu Land unterschiedlich –, wie man Kritik zur Geltung bringt, um Veränderungen zu bewirken.

Im Zusammenhang mit den Menschenrechtsverletzungen in China war auch die deutsche Kunstausstellung in Peking zum Thema Aufklärung heftig umstritten. Auch hier im Land schieden sich die Geister. Ein weiteres Beispiel dafür, dass das Menschenrechtsthema aus der öffentlichen Diskussion und der öffentlichen Wahrnehmung bei uns nicht mehr wegzudenken ist. Es ist also ein Querschnittsthema deutscher Politik geworden. Bei allen Rückschlägen und angesichts vieler schrecklicher Verbrechen überall in der Welt darf man nicht zu dem Schluss kommen, alles sei vergebens. Ich habe bei vielen Gelegenheiten jungen Leuten, etwa bei Amnesty International, gesagt, dass es sich lohnt, für die Menschenrechte zu kämpfen. Es darf nicht der Eindruck entstehen, alles sei vergeblich. Dafür ist viel zu viel erreicht worden. Menschenrechtspolitik war vielfach erfolgreich in Bezug auf einzelne Menschen, um die sich Amnesty beispielsweise kümmert, oder auch in Bezug auf einzelne Konfliktherde. Das Apartheid-Regime ist weg, Diktatoren in Südamerika, wie zum Beispiel in Argentinien, sind verschwunden. Das internationale Instrumentarium im Kampf um die Menschenrechte ist stark verbessert worden. Man darf aus der düsteren Beschreibung vieler negativer Beispiele nicht den Schluss ziehen, alles sei vergebens. Im Gegenteil: Es lohnt sich zu kämpfen!

Was kann der Einzelne tun?

Jeder kann sich bei Menschenrechtsorganisationen engagieren. Er kann sich auch mit Menschenrechtsverteidigern in anderen Ländern in Verbindung setzen: Anwälte mit Anwälten, Ärzte mit Ärzten. Oft genügt schon ein Zeichen der Verbundenheit mit den Opfern. Unsere neuen Kommunikationstechniken machen es möglich – eine positive Seite unserer neuen globalisierten Welt! Und schließlich ist natürlich auch finanzielle Unterstützung wichtig.

Das Jubiläumsjahr 2013 – 20 Jahre Wiener Weltmenschenrechtskonferenz – muss genutzt werden, um der Menschenrechtspolitik neue Impulse zu geben. Sie ist noch nicht konsequent genug Querschnittstehma deutscher Außenpolitik. Es fehlt an vorbeugender Menschenrechtspolitik und an der Bereitschaft, notfalls die Bundeswehr einzusetzen, wenn Rettung möglich und sinnvoll ist. *Responsibility to protect* – Schutzverantwortung – muss fester Bestandteil deutscher Politik werden. Verteidigungsminister de Maizière ist einer der wenigen, die in diese Richtung denken. Ein intellektueller Diskurs wie in Frankreich mit Bernhard-Henri Lévy an der Spitze findet hierzulande leider noch nicht statt.

DIE GRUNDRECHTE – HOCHGESCHÄTZT UND DOCH IMMER GEFÄHRDET

Das Thema Grundrechte spielt in Ihrem politischen Leben eine zentrale Rolle. »Rettet die Grundrechte« war sogar der etwas plakative Titel Ihres 2009 geschriebenen Buches. Nach 60 Jahren Grundgesetz haben Sie Bilanz gezogen. Ihre Sorge um Gefährdungen unserer demokratischen Gesellschaft haben Sie in diesem Buch ausführlich dargelegt. In vielen Vorträgen haben Sie zudem zu Aspekten gesprochen, die sich aus Ihrem Grundverständnis als freier Bürger ergeben: zu Fragen der Bürgerfreiheit und der inneren Sicherheit, zur Menschenwürde, zur Fremdenfeindlichkeit, zum Verhältnis von Staat und Kirche und auch zur Freiheit im Netz. Außerdem äußern Sie sich in letzter Zeit immer wieder zur Vertrauenskrise der repräsentativen Demokratie.

Am 14.02.2012 sprachen Sie im Dresdner Staatsschauspiel in der Reihe »Dresdner Reden« zum Thema: »Die Menschenwürde als Herausforderung für Staat und Gesellschaft«. Es war der Jahrestag der Zerstörung Dresdens in der Nacht vom 13. auf den 14. Februar 1945. Darauf nimmt die Rede ebenso Bezug wie auf die Reaktion der Stadt gegen die Aufmärsche von rechtsextremistischen Gruppen jeweils an diesem Gedenktag. Überhaupt sprechen Sie die rechtsextremen Gefahren an, die in unserer Gesellschaft erschreckend sichtbar geworden sind.

Ich habe den Titel »Die Menschenwürde als Herausforderung für Staat und Gesellschaft« bewusst gewählt, um auf die fundamentale Bedeutung der Menschenwürde für unser gesellschaftliches Zusammenleben hinzuweisen und auf aktuelle Gefährdungen, denen die Menschenwürde ausgesetzt ist. Das Thema hat auch mit Dresden zu tun, mit meiner Heimatstadt und mit mir, der ich den Feuersturm im Februar 1945 als 12-Jähriger erlebt oder besser gesagt überlebt habe. Das war der Einbruch des Krieges in ein bis dahin relativ behütetes Leben – ein Schock, der mir bewusst machte, wozu die Nazibarbarei geführt hatte.

Im Westen ist dieser Teil der deutschen Geschichte erst nach und nach verarbeitet worden. Bis in die 1970er-Jahre hinein waren wir einem Druck ausgesetzt, nun endlich einen Schlussstrich zu ziehen. Das hat sich geändert: Die offene und selbstkritische Art, wie wir mit diesem Teil unserer Vergangenheit noch immer intensiv umgehen, kräftigt unsere Demokratie. Heute ist die Zahl derjenigen, die einen Schlussstrich ablehnen auf 56 Prozent der Befragten gewachsen, bei den 18- bis 29-Jährigen sind es sogar 65 Prozent.

In der früheren DDR fand diese intensive Aufarbeitung staatlicherseits nicht statt. Im Gegenteil: Das Regime schob die Verantwortung dem faschistischen Westen in die Schuhe, von dem es sich in dieser Frage abzugrenzen versuchte. Dies ist sicher eine der Ursachen für die Verführbarkeit heute gerade junger Menschen im östlichen Teil Deutschlands zu rechtsextremem Gedankengut. In vielen Familien und auch in Schulen hatte zu DDR-Zeiten diese deutsche Vergangenheit keine Rolle gespielt. Als ich mich während meines Vortrags in Dresden in dieser Weise äußerte, ging ein Murren durch den Saal. Anschließend kamen einige Zuhörer auf mich zu. Sie zeigten sich empfindlich getroffen und wiesen darauf hin, dass in ihren Familien die Nazi-Vergangenheit durchaus ein Thema war. An meinem Gesamtbefund ändert das aber nichts.

Warum ist die Menschenwürde immer noch eine Herausforderung für Staat und Gesellschaft? Wir leben heute doch in einer gefestigten Demokratie.

Und dazu in einer »geglückten Demokratie«, wie der Zeithistoriker Edgar Wolfrum es ausdrückt. Ich meine, zu Recht. Zum ersten Mal leben die Deutschen in einer freiheitlichen Ordnung, die sie sich nach 1945 zwar nicht selbst erkämpft, aber aufgebaut haben. Die Bürger der früheren DDR haben sich 1989 die Freiheit allerdings selbst erkämpft. Es war die einzige erfolgreiche Freiheitsrevolution in der deutschen Geschichte. Unsere Demokratie ist zwar Gefährdungen ausgesetzt, die manchen Schaden anrichten, ist in ihrem Grundbestand aber nicht bedroht.

Um welche Gefährdungen handelt es sich?

Ich zähle einige auf: In meinem Buch »Rettet die Grundrechte« habe ich mich ausführlich mit dem Spannungsverhältnis zwischen Bürgerfreiheit und Sicherheitswahn beschäftigt. Auch heute gibt es keinen Anlass zur Entwarnung.

Die Tendenzen zur Aushöhlung und Entleerung der Demokratie hier im Land und vor allem auch im Zusammenhang mit der dynamischen Entwicklung Europas haben sich verstärkt. Das schwindende Vertrauen der Deutschen gegenüber Politikern ist eine Krise der »repräsentativen Demokratie«.

Rechtsextremismus, Fremdenfeindlichkeit, Rassismus und Antisemitismus sind schwerwiegende Herausforderungen, aber der Linksextremismus sollte auch nicht unterschätzt werden.

In der Internetrevolution dürfen wir nicht nur Chancen sehen, sondern auch die Gefahren für die Freiheit.

Weltweit wird die Menschenwürde immer wieder verletzt. Unser Grundgesetz verpflichtet uns zu einer Außenpolitik, die sich an den Menschenrechten orientiert.

Der »deutsche Obrigkeitsstaat«, sagt der Journalist Christian Bommarius in einer lesenswerten Biografie des Grundgesetzes, »ist mit dem Grundgesetz beseitigt worden«. Was keine Revolution in Deutschland zustande gebracht hatte, haben die Verfasser des Grundgesetzes geschafft. Sie haben die Legitimation des Staates an eine sittliche Idee gebunden und dieses in einem einzigen Satz zum Ausdruck gebracht: »Die Würde des Menschen ist unantastbar.« Das ist die zentrale Botschaft unseres Grundgesetzes, die Idee der Menschenwürde überwölbt das ganze Grundgesetz. Bommarius nennt das eine »kopernikanische Wende« im deutschen Staatsverständnis. Diese Grundrechte gelten nicht nur für die Deutschen, sondern für alle hier lebenden Menschen. Es sind vorstaatliche, »natürliche« Rechte, die jedermann zustehen und auf die niemand verzichten kann. Sie sind anders als in früheren Verfassungen nicht nur gut gemeinte Absichtserklärungen, sondern einklagbares, bindendes Recht. Die Verfassung reagiert damit auf das Versagen der Weimarer Republik und vor allem auf die Barbarei, die danach folgte. »Der Staat beherrscht nicht nur durch das Recht, er wird selbst von den Grundrechten beherrscht«, so Bommarius. Und der große niederländische Philosoph Spinoza sagte 1670: »Der Zweck des Staates ist danach allein der Mensch, der Zweck des Staates ist die Freiheit.« Beide Zitate zielen auf den unvergleichlichen Wert eines jeden Menschen – ein Gedanke wie er schon bei den Stoikern und vor allen Dingen in der Aufklärung u.a. bei Kant entwickelt worden ist. Er mündet in die beiden Grundpfeiler moderner Demokratien: in die amerikanische Unabhängigkeitserklärung von 1776 und in die Verfassung der Französischen Revolution von 1789. Der Philosoph Jürgen Habermas drückt den Gedanken besonders trefflich aus: »Die Menschenwürde bildet das Portal, durch das der egalitär-universalistische Gehalt der Moral ins Recht transportiert wird.« Er erinnert auch an die »philosophische Aneignung von Motiven und Denkfiguren der christlichen jüdischen Überlieferung« und an die »Gottesebenbildlichkeit« des Menschen. In einer früheren Entwurfsfassung von Artikel 1 des Grundgesetzes hieß es übrigens: »Der Mensch ist nicht um des Staates willen da, sondern der Staat um des Menschen willen.«

Es gibt in der deutschen Staatsrechtslehre eine Minderheitsmeinung, die allerdings nicht unterschätzt werden darf. Sie will den Menschenwürdeschutz abhängig machen von der jeweiligen Situation und von den konkreten Umständen. So wird behauptet: Das Grundgesetz ist für den terroristischen Ernstfall nicht gerüstet. Man sollte eine Güterabwägung vornehmen, und in bestimmten Situationen sei eine »rechtsstaatlich domestizierte« Folter durchaus vertretbar. Aber Folter lässt sich nicht domestizieren! Verfassung, Verfassungsrechtsprechung und auch das Völkerrecht lassen daran keinen Zweifel.

Sogar ein sogenannter Ausnahmezustand rechtfertigt nicht die Abweichung von den fundamentalen Prinzipien der Menschenwürde. Auch nicht ein sogenanntes Feindstrafrecht. Diese von mir kritisierte Rechtsposition erinnert mich an die unheilvolle Lehre des wichtigsten Kronjuristen des Dritten Reiches, Carl Schmitt. Statt Menschenwürde hieß es damals: »Recht ist, was dem Volk nützt« und »der Führer schützt das Recht«. Zum Beispiel rechtfertigte Schmitt die Röhm-Morde mit dem Hinweis: »Der Führer ist das Recht.« Juristischer Ausgangspunkt seiner Überlegung war die Konstruktion eines Ausnahmezustandes. Auch wenn kein ernsthafter Wissenschaftler heute so weit gehen würde wie Schmitt, ein Ausnahmezustand wird heute aber auch in der Bedrohung durch den Terrorismus gesehen. Terroristen, die sich nach dieser Rechtsansicht außerhalb der Rechtsordnung ansiedeln, sollten auch nicht deren Schutz genießen. Mit dieser Rechtsauffassung gerät man in die Nähe der von den USA verfolgten Strategie: Die Verfolgung des Terrorismus ist Krieg und nicht Verbrechensbekämpfung.

Es muss uns beunruhigen, dass in kritischen Situationen Teile der Bevölkerung für eine Relativierung des Schutzes der Menschenwürde anfällig sind. In dem Entführungsfall eines Frankfurter Bankier-Sohnes haben zum Beispiel 61 Prozent der Befragten Rettungsfolter befürwortet. Während der Entführung von Hanns Martin Schleyer im Jahre 1977 sprachen sich mehr als 70 Prozent der Befragten für die Todesstrafe für die RAF-Mörder aus. Was werden wir möglicherweise erleben, wenn tatsächlich in unserem Land durch einen Terroranschlag Menschen getötet werden sollten? Sind wir dann bereit, zu unserer Verfassung zu stehen? Angesichts der terroristischen Bedrohung durch die RAF hatte Habermas bereits im Jahre 1978 voll Sorge angemerkt: »Es besteht heute die Gefahr, dass Carl Schmitts Theorie der innerstaatlichen Feinderklärung zur Routine wird.«

Ich fordere seit Langem eine Bürgerbewegung gegen die Gefährdung unserer Grundrechte. Warum schweigen sich eigentlich diejenigen aus, die sich sonst bei jeder Gelegenheit zu Wort melden? Wird denn nicht gesehen, dass hier mit einer gewissen Lust der Ausnahmezustand diskutiert und Angstszenarien inszeniert werden? Eine Debatte darüber, dass jede Gesellschaft grundsätzlich mit Risiken leben muss, wird nicht geführt. Aber gerade eine solche Debatte ist unverzichtbar, wenn es nicht im Falle eines Anschlages unter dem Druck einer durch Populismus aufgewühlten öffentlichen Meinung zu kopflosen Entscheidungen kommen soll.

Sicherheit in allen Lebensbereichen ist zu einem überzeichneten Leitbild geworden. Der Staat folgt diesem Bedürfnis in unterschiedlicher Weise. Zahlreiche Reglementierungen werden ohne Zögern in einem vermeintlichen Sicherheitsinteresse beschlossen – und zwar ohne Augenmaß. Im Wirtschafts- und Finanzbereich dagegen hat der Staat lange darauf verzichtet – wie wir im Moment schmerzhaft erfahren. Für viele Millionen Menschen werden Arbeitsplatz- und Vermögensverluste die Folge sein. Der Markt hat es eben nicht gerichtet. Er war zu weitgehend sich selbst und der Gier verantwortungsloser Finanzjongleure überlassen. Interessanterweise vertrat bereits in den 1930er-Jahren der Publizist Sebastian Haffner die Meinung, dass der Nationalsozialismus nicht zuletzt deshalb entstanden ist, weil »eine ganze Generation von Deutschen mit dem Geschenk eines freien privaten Lebens nichts anzufangen wusste«.

Könnte unser Grundrechtsverständnis für Europa richtungsweisend sein oder könnte es im Zuge des europäischen Integrationsprozesses eingeschränkt werden?

Diese Gefahr ist durchaus gegeben. So hat sich der Bundesverfassungsrichter Johannes Masing kürzlich mit einer alarmierenden Analyse zu Wort gemeldet und sagte: »Die europäische Grundrechtecharta trägt nicht so weit wie unsere Grundrechte.« Schlimmstenfalls kann es also passieren, dass Positionen des Verfassungsgerichts durch Entscheidungen auf europäischer Ebene obsolet werden. An dessen Stelle tritt der Europäische Gerichtshof, dessen Grundrechtsverständnis heute noch nicht einzuschätzen ist. Das Spannungsverhältnis zwischen deutschem und europäischem Recht ist bisher nicht offen zutage getreten, aber es ist vorhanden. Wird von der EU – wie jetzt im Datenschutz beabsichtigt – das Instrument der »Verordnung« benutzt, dann hat das Bundesverfassungsgericht keine Kompetenzen mehr. »Verordnung« bedeutet unmittelbar geltendes Recht in den Mitgliedstaaten.

Ich wünsche mir eine Fortsetzung des europäischen Einigungsprozesses. Dann müssen wir aber alles tun, um auf europäischer Ebene ein wachsendes Bewusstsein für Grundrechtsschutz herbeizuführen. Viele werden das für unerreichbar halten, eine Alternative dazu gibt es aber nicht. Wir müssen versuchen, in den anderen Staaten Verbündete zu finden, die so denken wie wir und die dann auch ihre Stimme erheben.

Brüssel und das Europäische Parlament sind zu weit weg vom Bewusstsein der Menschen. Wir müssen, was Jürgen Habermas ja immer fordert, eine neue, die Politik kontrollierende demokratische Öffentlichkeit in ganz Europa herstellen. Dazu brauchen wir Verbindungen zwischen den Zivilgesellschaften unserer europäischen Länder, die dann Themen wie Vorratsdatenspeicherung, ACTA und

Reform des europäischen Datenschutzrechts gemeinsam aufgreifen müssen.

Wie steht es mit den demokratischen Mitwirkungsmöglichkeiten im Prozess der europäischen Einigung?

Eine Demokratieentleerung droht der Europäischen Union in der schwersten Krise seit ihrem Bestehen. Nur langsam finden die verantwortlichen Politiker einen Weg aus der Gefahr eines Zusammenbruchs hin zu Schuldenabbau, zur Herstellung von Wettbewerbsfähigkeit und zur Bändigung des Weltfinanzsystems. Deutschland kann sich seiner Verantwortung nicht entziehen. In der Krise steckt aber auch die Chance für einen neuen Anfang. Die Idee Europa ist nicht nur ein wirtschaftliches, sondern vor allen Dingen ein politisches Projekt. Europa ist eine Wertegemeinschaft und diese muss stark genug sein, um bei einer Lösung der globalen Probleme mitreden zu können. Europa muss sich neu verfassen und das ist nur möglich, wenn dem Volk, den Völkern Europas, ihren Bürgern und Parlamenten stärkere Mitwirkungsmöglichkeiten eingeräumt werden. Bisher handeln vor allem die Regierungen. Europa darf nicht zu einem Projekt der Eliten verkümmern.

In diesem Zusammenhang sind auch die erheblichen verfassungsrechtlichen Probleme zu nennen, die sich durch Kompetenzverlagerung nach Brüssel, insbesondere im Bereich der Budgethoheit, für unser Land ergeben. Man wird sich auf den Weg machen müssen, um die demokratische Kontrolle in Europa auszubauen. Ich denke etwa an die Direktwahl des Kommissionspräsidenten, an umfassende Kompetenzen eines europäischen Finanzministers und an eine deutliche Verstärkung der Rechte des Europäischen Parlaments. Ob das deutsche Volk über das ganze Grundgesetz abstimmen muss, um an einer neuen europäischen Verfassungsordnung teilnehmen zu können, sollte sehr sorgfältig geprüft werden. Das Grundgesetz sieht bereits einschneidende Souveränitatsverluste vor, etwa dann, wenn der UN-Sicherheitsrat über Krieg und Frieden entscheidet.

Die Rolle des Bundesverfassungsgerichtes, das Sie ja oft erfolgreich bemüht haben, wird mitunter kritisch gesehen. Es wird ihm vorgeworfen, sich als eine Art Nebenregierung in die Berliner Politik einzumischen. Teilen Sie diese Befürchtung?

Diese Kritik hat es immer gegeben und sie wird jetzt auch an den Europaurteilen des Gerichts geübt. Wenn man die Geschichte von vielen Tausend Entscheidungen des Verfassungsgerichtes analysiert, so ist festzustellen, dass sich die Richter in der Regel zurückhalten. Ihre Reputation besteht ja darin, die Politik sehr verantwortungsbewusst zu korrigieren, also nur im äußersten Falle dem Gesetzgeber einen Rahmen zu setzen. Bei Beanstandung legen sie kein neues Gesetz vor, sondern sie legen einen Rahmen für ein neues Gesetz fest. Daraufhin können die Parlamente ihre Gesetzgebungskompetenz wieder wahrnehmen. Der Spielraum für ihr politisches Handeln ist also durchaus gegeben. Der Gesetzgeber muss nicht alles tun, was nach der Verfassung möglich wäre. Er ist frei, sich nach sorgfältiger politischer Abwägung in verantwortlicher Weise in dem gesetzten Rahmen zu entscheiden.

Jetzt, im europäischen Einigungsprozess, spielt das Bundesverfassungsgericht eine besonders wichtige Rolle, wenn es die Mitwirkung des deutschen Gesetzgebers einfordert und die Rückwirkungen des zunehmenden Souveränitätsverlustes auf das Grundgesetz kritisch begleitet.

Das Verfassungsgericht hat sich mehrfach kritisch zu Sicherheitsmaßnahmen und zu Sicherheitsgesetzen geäußert, gegen die Sie und Ihre Freunde Beschwerde eingelegt haben. Worum ging es im Einzelnen?

Bei der Bekämpfung terroristischer Kriminalität haben sich unsere Staatsorgane nicht immer strikt an das Gebot der Menschenwürde gehalten. Das Bundesverfassungsgericht ist dieser Entwicklung in einer Reihe von 14 Entscheidungen entgegengetreten. Ein bemerkenswerter Vorgang! Die Philosophie dieser Rechtsprechung hat der

Verfassungsrichter Wolfgang Hoffmann-Riem wie folgt beschrieben: »Wenn man angesichts solch neuer Bedrohungsszenarien die Qualität des Rechtsstaates nicht aufgeben will, dann muss man die Prämissen des Rechtsstaates an diese neuartigen Gefährdungen und Instrumente anpassen, ohne sie aufzugeben.«

Niemand wird bestreiten, dass wir neuen Gefährdungen ausgesetzt sind, etwa durch islamistische Extremisten, und dass wir uns auf diese Gefährdungen einstellen müssen. Aber: Es gibt kein Grundrecht auf »innere Sicherheit«. Wir müssen lernen, mit Risiken umzugehen. Wir müssen alles tun, um sie zu vermeiden. Aber bei allem, was wir tun, dürfen wir nicht den Blick auf die Freiheit verlieren. Lauschangriff, Abschuss gekaperter Passagiermaschinen, Rasterfahndung, Onlinedurchsuchung, Vorratsdatenspeicherung – alle diese Themen waren bereits Gegenstand von im Ganzen erfolgreichen Verfahren beim Bundesverfassungsgericht. Ich möchte die wichtigsten Entscheidungen kurz ansprechen.

An dem Urteil gegen die Rasterfahndung nach »islamistischen Schläfern« war ich nicht unmittelbar beteiligt. Das Gericht hat entschieden, dass Grundrechtsbeeinträchtigungen nur dann zu rechtfertigen sind, wenn sich die Annahme einer Gefahr auf konkrete Fakten im Tatsächlichen stützt. Es muss also eine hinreichende Wahrscheinlichkeit gegeben sein, dass in absehbarer Zeit ein Schaden für ein Rechtsgut eintritt. Ein Generalverdacht kann solche Maßnahmen nicht rechtfertigen. Dieser Fall der Rasterfahndung nach dem 11. September wurde vom Gericht verboten.

Das Urteil zum Lauschangriff in Wohnungen hat eine besondere Beziehung zur FDP. Die Bundesjustizministerin Sabine Leutheusser-Schnarrenberger trat damals aus Protest gegen die Haltung ihrer Partei zurück, wurde später aber vom Gericht bestätigt. Heute übt sie dieses Amt erneut aus. Den Lauschangriff reduzierte das Gericht auf die Fälle schwerer und schwerster Kriminalität. Es werden jetzt hohe Anforderungen an seine Anordnung und an seinen Vollzug gestellt. In einen »Kernbereich privater Lebensgestaltung« darf der Staat nur im Ausnahmefall eindringen. Unter anderem hat das Gericht ausgeführt: »Zur Entfaltung der Persönlichkeit gehört die Möglichkeit, innere Vorgänge wie Empfindungen und Gefühle, Ansichten und Erlebnisse höchst persönlicher Art zum Ausdruck zu bringen, und zwar ohne Angst, dass staatliche Stellen dies überwachen.« Der Staat muss Freiräume zulassen, in denen die Menschen uneingeschüchtert von ihren Freiheitsrechten Gebrauch machen können.

Das Urteil gegen das Luftsicherheitsgesetz ist an Deutlichkeit nicht zu überbieten. Es beendet die Debatte, ob auf Basis der geltenden Rechtsgrundlagen die Bundeswehr zum Schutz der inneren Sicherheit eingesetzt werden kann, mit einem klaren Nein. Kern des Urteils ist die Festlegung durch das Gericht, dass es ethisch unzulässig ist – bei welcher Gelegenheit auch immer – menschliches Leben gegen ein anderes menschliches Leben abzuwägen. Auch das möglicherweise todgeweihte Leben ist geschützt. Es gibt keinen Aufopferungsanspruch des Staates gegenüber seinen Bürgern. Zur Abwehr einer Gefahr dürfen unschuldige Menschen nicht getötet werden. Die Tötung unbeteiligter Passagiere ist unter allen Umständen grundgesetzwidrig – so schwierig die Lage im Einzelfall auch sein mag.

Zum wichtigen Online-Urteil: Heimliche Durchsuchungen und Überwachungen des Computers sind ein gravierender Grundrechtseingriff. Der Computer gehört heute zum innersten unserer Privatheit, ja, ist eine Art Seelendepot. Mit einem einzigen Zugriff könnte sich dem Staat die ganze Breite des Kernbereichs privater Lebensgestaltung öffnen. Hier hat das Bundesverfassungsgericht auf unseren Antrag hin das NRW Online-Gesetz aufgehoben und einer künftigen Regelung enge Grenzen gesetzt.

Auch das Gesetz zur Vorratsdatenspeicherung ist durch das Gericht aufgehoben worden. Sie darf nur unter sehr eingeschränkten Bedingungen wieder aufgenommen werden. Wenn der Gesetzgeber das überhaupt will. Darüber wird ja zurzeit heftig gestritten.

Eine unserer Beschwerden ist noch nicht entschieden: die Beschwerde gegen das BKA-Gesetz, das eine erhebliche Kompetenzausweitung für die Polizei bedeutet. Wir wenden uns gegen weitere grundgesetzwidrige Freiheitseinschränkungen durch die Ausweitung der Überwachungsmöglichkeiten auch gegen Unbeteiligte und gegen Eingriffe in die private Lebensgestaltung. Außerdem beklagen wir den mangelnden Schutz besonderer Vertrauensverhältnisse – wie zwischen Arzt und Patient oder Journalist und Informant.

Wie stehen eigentlich die Kirchen zum Schutz der Menschenwürde in diesem Zusammenhang?

Die katholische Kirche in Deutschland hat kürzlich Bilanz aus zehn Jahren Antiterrorkampf gezogen und in dem bemerkenswerten Bischofswort »Terrorismus als ethische Herausforderung« festgestellt, dass es keine legitime Abwehr ohne die Wahrung der Menschenwürde und Menschenrechte geben darf. Die Bedrohung durch Terroristen führe jedoch vielfach dazu, diese Grundsätze »aufzuweichen und zu unterspülen«. Aber freiheitliche und demokratische Staaten dürften sich nicht auf einen »Wettlauf mit der Barbarei« einlassen. Die Kommission Weltkirche der Deutschen Bischofskonferenz hat mit dieser Erklärung unmissverständlich festgestellt: »Die Menschenrechte und die Würde des Menschen stehen niemals unter einem Terrorismusvorbehalt.«

Im Zusammenhang mit Fragen der Inneren Sicherheit sprechen Sie immer wieder auch über Datenschutz. Wie können wir das Grundgesetz in der Internetgesellschaft leben?

Die Schaffung von Persönlichkeitsprofilen ist generell die große wachsende Gefahr in der Internetgesellschaft. Der gläserne Mensch – das ist schon Wirklichkeit, auch im Sicherheitsbereich! Datensammlungen erfolgen gezielt, aber auch ins Blaue hinein, ohne konkreten Verdacht. Die Persönlichkeitsprofile treffen uns alle, auch uns unbescholtene Bürger. Wir – das Volk – sind der Souverän, und der wird von Staatsorganen unterschiedslos bespitzelt. Zum Beispiel durch die Vorratsdatenspeicherung. Schon die bloße Speicherung von Millionen von Telekommunikationsverbindungen im Netz können über unser persönliches Leben eine Menge aussagen. Die Daten sollen monatelang gespeichert bleiben, um in wenigen Fällen möglicherweise von den Sicherheitsbehörden ausgewertet zu werden. Die massenhafte Handydatenerfassung in Dresden anlässlich der Demonstrationen im Jahr 2011 lag außerhalb jeglicher Verhältnismäßigkeit. Auch wenn es die Sicherheitsorgane bei solchen Einsätzen nicht leicht haben: Die Bürger dürfen bei der Wahrnehmung des fundamentalen Grundrechts auf Versammlungsfreiheit auf keinen Fall einer so weitgehenden staatlichen Erfassung ausgesetzt werden.

Auch die Videoüberwachung von Demonstrationen durch die Polizei ist nicht unbeschränkt erlaubt – sondern nur dann, wenn erhebliche Gefahren für Sicherheit und Ordnung drohen. Verdachtsunabhängige Überwachungen von Versammlungen sind nicht zulässig. Das Bundesverfassungsgericht hat mit aller Deutlichkeit immer wieder festgestellt: Eine Demokratie gedeiht nur, wenn die Bürger sich bei der Wahrnehmung ihrer demokratischen Rechte unbeobachtet wissen. Friedliche Demonstranten müssen in Ruhe gelassen und gegebenenfalls geschützt werden. Vergessen wir nicht: Das Versammlungsrecht ist eines der wenigen Mittel gegen die oft beklagte Ohnmacht der Bürger. Außer dem Engagement in Parteien und Verbänden bleibt dem Einzelnen oft nur die Möglichkeit, »sich mit vielen anderen auf die Straße zu stellen«, wie das Verfassungsgericht dies einmal treffend ausdrückte. Die Versammlungsfreiheit gilt für alle Bürger, also auch für sogenannte Verfassungsfeinde. Die Polizei kommt bisweilen in schwierige Abwägungsprozesse, wenn Verfassungsfeinde und Demokraten auf der Straße aufeinandertreffen.

Auf Vorrat werden für viele Jahre neuerdings auch Fluggastdaten gespeichert. Das alles ist nur ein Anfang. Die neue Kommunikationstechnologie verführt zum Aufbau immer neuer Datensammlungen auf »Vorrat«.

Seit Jahrzehnten beobachten wir in unserem Land eine sicherheitspolitische Aufrüstung. Die polizeiliche Sicherheitslogik hat stark an Boden gewonnen. Der Versuch einer umfangreichen Risikosteuerung führt dazu, dass sich die Grenzen zwischen Unschuldigen und Schuldigen, zwischen Verdächtigen und Unverdächtigen, zwischen Polizei und Verfassungsschutz verwischen. Prävention bestimmt immer mehr das staatliche Handeln. Der Präventionsstaat ist unersättlich. In seiner Logik liegt es, dem Bürger immer mehr Freiheit zu nehmen und ihm dafür angebliche Sicherheit zu geben.

Ist dieser Konflikt ein neues Phänomen?

Geschichtlich gesehen, folgt die heutige Politik der inneren Sicherheit eher den Spuren von Thomas Hobbes, einem englischen Philosophen und Staatstheoretiker des 17. Jahrhunderts. Er sah den Staat als Aufsichtsbehörde, die als Gegenleistung für den Schutz den Gehorsam seiner Bürger beansprucht. Doch nicht Hobbes ist der Vater des liberalen Verfassungsstaates, sondern John Locke, ebenfalls ein einflussreicher englischer Philosoph im 17. Jahrhundert und ein wichtiger Vordenker der Aufklärung. Zwar zahlt der Bürger auch bei ihm mit Gewaltverzicht und Rechtsgehorsam für den staatlichen Schutz, doch zugleich ist er auch als freier Bürger sicher vor dem Staat. Ein Verfassungsrichter hat sich vor einiger Zeit darüber beklagt, dass man sich den Staat nicht mehr durch anständiges Verhalten vom Leib halten könne. Es gibt ein Recht des Bürgers, in Ruhe gelassen zu werden.

Was heißt konkret »in Ruhe lassen«?

Ich kritisiere – um dies noch einmal klarzustellen – die Ausuferung staatlicher Überwachungstätigkeit. So kommt der Bürger nicht zur Ruhe. Ich bestreite nicht, dass der Staat auch der wachsenden Kriminalität im Internet und ihren neuen Formen entschieden entgegenwirken muss. Die legalen staatlichen Überwachungsmaßnahmen ufern aber aus. Dazu ein Beispiel: Bei der Telekommunikationsüberwachung ist unser Land mit über 45.000 abgehörten Anschlüssen und damit statistisch etwa 100 Millionen belauschter Gespräche pro Jahr ein Spitzenreiter im internationalen Vergleich. Das Mobiltelefon wird – wie die Computerspezialisten Constanze Kurz und Frank Rieger in ihrem beachtenswerten Buch »Die Datenfresser« sagen – »zur Ortungswanze in der Hosentasche«. Jedes Handy speichert die Bewegungen seiner Benutzer.

Wir haben bisher vor allem über Gefährdungen gesprochen, die vom Staat ausgehen. Welche Gefahren für die Grundrechte sehen Sie in der privaten Datenverarbeitung?

Staatliche Organe werden durch Parlamente und Gerichte noch einigermaßen kontrolliert. Ein Datenschutzrecht, das eine wirksame Kontrolle der Privaten ermöglichen würde, gibt es noch nicht. Dabei drohen in der Tat zunehmend neue Gefahren durch die immensen Datensammlungen von privater Seite, vor allem von den neuen Datenimperien, die eine nicht vorstellbare Macht ausüben. Google hat allein etwa eine Milliarde Suchanfragen pro Tag. Facebook hat rund 800 Millionen Mitglieder weltweit, Amazon wickelt bis zu 14 Millionen Bestellungen pro Tag ab. Ob wir es wollen oder nicht: Wir geben täglich Informationen über uns preis, ohne darüber im Einzelnen zu wissen und ohne zu ahnen, wie sie in Zukunft verwendet werden. Es ist eine »Datenwährung«, mit der wir für die kostenlosen Internetdienste bezahlen. Die Konzerne sammeln, verknüpfen, verwerten und verkaufen unsere Daten. So gut wie keine Spur, die wir hinterlassen, verschwindet aus dem Netz.

Das Grundsatzurteil zum Bundesdatenschutz von 1983, mit Recht »Magna Charta« des Datenschutzrechts genannt, ist nicht konsequent weiterentwickelt worden, weder national noch international. Soweit das überhaupt noch funktioniert: Der mögliche und notwendige Schutz wird uns nicht gewährt.

Niemand wird die Vorteile bestreiten, die mit der digitalen Revolution verbunden sind. Sie entwickelt sich mit großer Dynamik und bietet natürlich eine Fülle neuer Chancen. Denken wir nur an ihre Rolle bei den Freiheitsaufständen in der arabischen Welt. Die Internetrevolution ist ein historischer Einschnitt, vergleichbar mit der Einführung des Buchdrucks oder mit der industriellen Revolution des 19. Jahrhunderts – die »Vernetzung« ist aus unserem Leben nicht mehr wegzudenken.

Ich warne aber vor Leichtfertigkeit im Umgang mit dem Internet. Wir haben – entgegen landläufiger Meinung – doch eine Menge zu verbergen. Und wir sollten sehr vorsichtig sein mit der freiwilligen Preisgabe unserer Privatheit.

Stehen wir wirklich vor einer solch einschneidenden Zeitenwende?

Die Entwicklung verläuft mit einer nicht vorhersehbaren Dynamik. Man kommt kaum noch mit. Es ist in mancher Hinsicht wirklich eine Zeitenwende. Sie ergreift und verändert unsere Lebensweise, sie verändert uns selbst, unser persönliches und berufliches Verhalten, unsere Vorlieben und Gewohnheiten. Das Positive steht außer Zweifel: Die digitale Revolution erleichtert unser Leben in vielerlei Hinsicht. Das ist auch weniger mein Thema – die Gefahren sind es. Wahrscheinlich wird man erst nach einer gewissen Zeit wissen, welche Auswirkungen auf das menschliche Miteinander, auf Meinungsbildungsprozesse in der Gesellschaft, auf unser Denken und Handeln die Folgen sind. Computer nehmen heute schon Einfluss auf die Art, wie wir formulieren und schreiben. Google zum Beispiel beeinflusst schon heute unsere Sprache und wird irgendwann, bevor wir es nur aussprechen können, schon wissen, welche Frage wir stellen und welche Antwort wir geben werden.

Die Kommunikationswissenschaftlerin Miriam Meckel wirft die Frage auf, wie lange wir uns noch vom Computer unterscheiden, und stellt fest: »Mit jeder dieser technologischen Neuerungen wird der Mensch besser analysierbar und berechenbar, also vorhersagbar. Er wird Teil des globalen digitalen Netzwerks. Ist er dann ein technisierter Mensch oder eine humanisierte Maschine?« Der ehemalige

Google-Chef Eric Schmidt sieht Folgendes voraus: »Wir wissen immer, wo du bist. Wir wissen, wo du warst. Wir wissen mehr oder weniger, was du denkst.«

Durch all unsere Bewegungen im Netz wird unser Persönlichkeitsprofil umfangreicher und konkreter und kann ohne unser Zutun für vielerlei Zwecke verwendet werden. Im Übrigen auch dann, wenn es falsch ist. In Zukunft wird das »Internet der Dinge« unseren Alltag dominieren durch geschwätzige Maschinen, die wir überall benutzen. Im Haushalt, im Auto, im Büro. Unser Stromzähler wird künftig Auskunft darüber geben können, welches TV-Programm wir am Vorabend gesehen haben.

Mit Erschrecken habe ich eine Meldung gelesen, dass die National Security Agency in den USA zurzeit eine gigantische Datenbank vorbereitet, in der weltweit alle analogen und digitalen Daten gespeichert werden sollen. Ein Sachkenner der Materie sagt dazu, dass wir unmittelbar vor einem schlüsselfertigen totalitären Staat stehen. Er geht davon aus, dass – trotz aller Beteuerungen – eine solche Datenbank nicht mehr zu kontrollieren sei. Diese neue Datenbank ist eine Reaktion auf die zunehmende Gefahr der Cyberattacken auf die Infrastruktur in den USA und anderswo, gleichsam in einem modernen Cyberwar. Dieser ist schon voll im Gange, auch die NATO richtet sich darauf ein.

Fazit: Einerseits Faszination, andererseits Erschrecken durch das Internet. Das Netz gibt nicht nur Freiraum, es ist ein Fangnetz, das über uns ausgeworfen wird.

Wir diskutieren den Schutz der Privatheit. Warum ist »Privatheit« so wichtig und wie sehr ist sie gefährdet?

Marc Zuckerberg, der Facebook-Gründer, hält die Privatsphäre nicht mehr für eine soziale Norm. Aus seiner Sicht natürlich nicht, denn Facebook ist ein rücksichtsloser Vermarktungskonzern, ein sogenannter Datenfresser. Selbst wenn die Mehrheit der Bürger auf Privatheit freiwillig verzichten wollte, würde das Grundgesetz nicht außer Kraft gesetzt. »Die Preisgabe der Privatsphäre degradiert den Menschen zum bloßen Objekt der Entscheidungen«, sagt Spiros Simitis, der Vater des deutschen Datenschutzrechts. Immerhin ist die sogenannte Post-Privacy-Fraktion in der Piratenpartei inzwischen offenbar eine Minderheit. Sie hält den Schutz der Privatheit für verzichtbar.

Tatsache ist, dass große Datenverarbeiter eine Vielzahl von Daten erhalten, ohne dass wir es wissen. Unsere Spuren sind aber längst im Netz und bleiben dort. Und dagegen müssen Schutzvorrichtungen aufgebaut werden. Das alte Datenschutzrecht geht von dem Grundrecht auf informationelle Selbstbestimmung aus. Wir sollten bestimmen können, was mit unseren Daten passiert. Durch die Lebenswirklichkeit ist das längst überholt. Der Gesetzgeber ist dringend gefordert, neue Rahmenbedingungen für Datensammlung und Datenverarbeitung festzulegen, für den privaten und für den öffentlichen Bereich, national und auf europäischer Ebene. Die Konzepte der Sachverständigen liegen seit langer Zeit in der Schublade. Diese ist aber nach dem 11. September nicht geöffnet worden – ein für mich unerklärlicher Vorgang. Wo bleibt der Bürgerprotest? Der Selbstregulierung kann man diese Aufgabe nur begrenzt überantworten. Das heutige Datenschutzrecht hinkt der Kommunikationsentwicklung weit hinterher, es muss dringend angepasst werden. Helfen könnte die Pflicht zur Offenlegung der Daten, zu ihrer Löschung und das Verbot, sie in bestimmten Fällen zu verwenden. Plakativ gesagt: ein Recht auf Vergessen.

Die Europäische Kommission hat Datenschutzvorschläge vorgelegt. Sie sind nicht unproblematisch, weil sie das deutsche Datenschutzniveau senken und das Bundesverfassungsgericht in eine Außenseiterposition bringen. Auf diesem ganzen Feld sehe ich eine Aufgabe für die Liberalen: Datenschutz ist heute ein Freiheitsthema ersten Ranges. Besonders wichtig sind gesetzliche Klarstellungen für die Beschäftigten in den Betrieben. Die Forderung lautet: »Grundrechtsschutz im Netz« und nicht »Anarchie im Netz«. Vergessen wir nicht: Inzwischen gibt es ein neues Grundrecht, das Computergrundrecht, vom Bundesverfassungsgericht im Online-Urteil definiert. Es muss nun endlich umgesetzt werden.

Wie bewerten Sie die Tatsache, dass zwei Personen, je nach ihrem gespeicherten Persönlichkeitsprofil, bei der gleichen Frage unterschiedliche Antworten bekommen?

Zum Beispiel höre ich abends, wenn ich mich entspanne, über YouTube Musik, bestimmte Musik, bestimmte Interpreten – also beispielsweise Klaviermusik mit Sviatoslav Richter. Um Himmels willen, warum wird gespeichert, was ich für Musik höre? Das klingt harmlos, aber diese Spur wird Teil meines Persönlichkeitsprofils im Netz. Es gibt noch viel mehr Informationen, die ins Netz eingehen: welches Parfüm wir bevorzugen, wo und was wir essen, mit wem wir ausgehen, welche Bücher wir kaufen, wohin wir reisen, mit welcher Fluggesellschaft, in welcher Klasse, mit welcher Kreditkarte. Aus allen diesen Einzelinformationen erwächst mit der Zeit in diesen großen Datenbanken ein immer umfangreicheres Lebensprofil. Und die Datenbankbetreiber verwerten ihre Erkenntnisse ja auch kommerziell, indem sie unsere Daten mit Profit verkaufen. Ich bin mir ziemlich sicher: Da die Datenbanken sich in den USA befinden, kann man davon ausgehen, dass die US-Sicherheitsbehörden mitlesen. Datenaskese – wie manche sie überlegen – ist keine Lösung für die Zukunft. Datensparsamkeit allerdings ist geboten. Wenn man nicht will, dass die Schufa auf die Daten Zugriff haben kann, darf man sie eben nicht öffentlich preisgeben.

Weltweit gab es Proteste gegen das internationale Handelsabkommen für den Schutz von Urheberrechten, ACTA genannt. Die Kritiker sehen in dem Abkommen eine Einschränkung von Freiheitsrechten.

Zunächst ist festzuhalten, die Aufregung um ACTA macht deutlich, dass viele Menschen sehr sensibel auf Freiheitseinschränkungen im Netz reagieren. ACTA will eine internationale Regelung herbeiführen, und das ist im Grunde auch notwendig. Die Gefahren von ACTA liegen in den nicht genau präzisierten Kontrollmechanismen. Hier kann sich Zensur einschleichen. Das Projekt ist in der jetzigen Form gestorben. Die Bürger haben die Politiker zurückgepfiffen.

Die Freiheit im Netz tritt in ein Spannungsverhältnis zum Urheberrecht. Wie sieht Ihre Lösung aus?

Ich kann nur die Bundesjustizministerin zitieren, die ohne Scheu festgestellt hat: »Wir haben noch nicht die richtigen Instrumente gefunden, um das Urheberrecht im Netz überzeugend und umfassend zu schützen.« Die Rechtsordnung hält mit den neuen Methoden weltweiter Kommunikation nicht Schritt. Ich plädiere wie Frank Schirrmacher, der verdienstvoller Weise im Feuilleton der FAZ schon seit längerer Zeit den IT-Themen großen Raum einräumt, für eine Abrüstung im Mehrfrontenkampf, der zurzeit öffentlich stattfindet. Es gibt eine ganze Reihe von Vorschlägen, die nüchtern durchdacht werden müssen. Die Lösung kann nicht darin bestehen, durch immer perfektere Überwachungs- und Abmahnsysteme die Nutzer zu kriminalisieren. Innovative Vergütungs- und Bezahlmodelle sind in der Diskussion. Es wäre schon ein Fortschritt, wenn die Nutzer durch den Kauf attraktiver Angebote veranlasst werden könnten, die Sphäre des Verbotenen zu vermeiden. Die Diskussion wird uns noch lange beschäftigen.

Eine weitere aktuelle Diskussion ist ebenfalls mit dem Prinzip der Menschenwürde eng verbunden. Ich meine die Debatte über Staat und Religionen.

Dazu hat Wilhelm Graf den schönen Satz geprägt: »Wir sollten das Grundgesetz nicht taufen.« Weiter führt er aus: »Die Verfassung ist ein Produkt von Aufklärungsdenken. Und die ganze Werterhetorik ist hoch ambivalent, weil sie ihrerseits die Unterscheidung von Moral und Recht unterläuft. Man hat als Staatsbürger eine Pflicht – und das gilt unabhängig von Religion – zum Rechtsgehorsam. Man hat aber nicht die Pflicht, irgendwelchen »Werten« zuzustimmen. Es ist nicht so, dass ein zugewanderter Muslim, der in diesem Land Staatsbürger ist, eine beliebige Werteordnung zu akzeptieren hätte, sondern – und das unterstütze ich mit allem Nachdruck – eine auf Werten beruhende Rechtsordnung.

Es ist allein das Grundgesetz, das den Ordnungsrahmen für das Zusammenleben der Bürger bildet und nicht eine imaginierte kulturelle Wertegemeinschaft – auch wenn diese zweifellos geprägt ist von christlicher Kultur. Spannungen zwischen religiösem und staatlichem Recht gibt es immer wieder – in allen Religionskulturen. So ist das katholische Kirchenrecht keineswegs immer kompatibel mit dem Recht der Bundesrepublik Deutschland – zum Beispiel im Bereich des Familienrechts. Graf weist darauf hin, dass man die Menschenrechte auch im Protestantismus bis in die 1950er-Jahre hinein »als liberalistische Verirrung des modernen Menschen« ansah.

In diesem Zusammenhang bitte nun ein paar Sätze zur Fremdenfeindlichkeit …

Ernst zu nehmende Untersuchungen zeigen, dass in Deutschland eine »gruppenbezogene Menschenfeindlichkeit« existiert. In der großen Bielefelder Analyse »Deutsche Zustände« zeichnet Wilhelm Heitmeyer das Bild einer rohen Bürgerlichkeit. Sie zeigt sich nicht nur in der erschreckenden Abwertung und Ausgrenzung der sozial Schwachen, sondern auch in einer wachsenden Islamfeindlichkeit, nun auch bei wohlhabenden Mittelschichten. Die Radikalisierung kommt also nicht nur von den Rändern, sondern auch aus der Mitte der Gesellschaft. Thilo Sarrazin sät eine schlimme Saat, wenn er in seinen Thesen zur Intelligenz von Einwanderern die kontinuierliche Zunahme der weniger Stabilen, weniger Intelligenten und weniger Tüchtigen konstatiert. Hier findet eine diffamierende Ausgrenzung der muslimischen Mitbürger statt. Besorgniserregend ist ja nicht nur das Buch an sich, sondern sind auch seine hohen Verkaufszahlen.

Fremdenfeindlichkeit ist auch ein Antrieb für die Rechtsextremen. Was für ein Schock, als wir erfuhren, dass es mit der Zwickauer Zelle eine rechtsextremistische Terrorgruppe gab, die jahrelang unerkannt morden konnte. Opfer waren vor allem Migranten, bei denen die Polizei zunächst eine Verstrickung in kriminelle Milieus vermutet hatte. Nährboden der Zelle sind zahlreiche noch existierende Gruppierungen, bis in die NPD hinein. Vieles ist nicht neu, sondern wurde nur verdrängt. Nun ist das Land hoffentlich aufgewacht und nimmt die Gefahren ernst.

Rechtsextremistische Gruppierungen gibt es nicht nur in Ostdeutschland. Auch im Westen sind sie aktiv. Bedrückend ist die Situation vor allem in Modellregionen des Rechtsextremismus, wo gut vernetzte Strukturen sich mit der Verunsicherung der Bevölkerung und feindseligen Einstellungen gegenüber schwachen Gruppen zu einer hoch problematischen Gemengelage verbinden. In der Tat sind beispielsweise in der Sächsischen Schweiz und in Brandenburg Parallelgesellschaften entstanden, in denen die demokratische Bürgergesellschaft in die Defensive gedrückt wird und sich eine neue Angstkultur etabliert hat. Es ist leicht gesagt, aber unverzichtbar, dass die Bürgergesellschaft große Anstrengungen unternehmen muss, um vor allen Dingen Jugendliche für die Demokratie zu gewinnen.

Die großen Städte haben diese Probleme weniger. Dort ist man auf einem guten Weg zu einer demokratischen Kultur. So in meiner Heimatstadt Dresden. Hier wünsche ich mir, dass sich die Demokraten weiterhin in der Abwehr der braunen Gefahr zusammenschließen, gemeinsam handeln und nicht den kleinen politischen Vorteil suchen. Die Auseinandersetzung mit dem Rechtsextremismus darf nicht nur darin bestehen, einmal im Jahr den Aufmärschen entgegenzutreten. Sie muss kontinuierlich erfolgen – auch mit selbstkritischer Erinnerung an die Verstrickungen der Stadt mit dem Naziregime. Das ist beispielhaft 2011 mit der Ausstellung und mit den Untersuchungen zu »Verstummte Stimmen« geschehen, ein gemeinschaftliches Projekt der Semper-Oper und des Staatsschauspiels, auf Initiative des Historikers Hannes Heer. Es ging um die Darstellung und Erinnerung an die Vertreibung aller Beschäftigten an den Dresdner Theatern in den 1930er-Jahren. Erfreulich ist, dass sich mit dieser Thematik besonders auch Schulklassen ausführlich befassen. Allerdings: Das Erinnern darf nicht von Selbstmitleid geprägt sein. Der Krieg hat unendliches Leid über viele Menschen gebracht, nicht nur in Dresden. Auch wenn mich immer noch die Frage bewegt: Warum ausgerechnet Dresden – so kurz vor dem Ende des längst entschiedenen Krieges?

Viele junge Menschen wenden sich von den Altparteien ab und haben kein Vertrauen mehr in die repräsentative Demokratie. Was können wir machen?

Wenn wir junge Menschen für die Demokratie gewinnen wollen, müssen wir auch auf ihre kritischen Fragen und Vorbehalte eingehen. In der Tat: Die repräsentative Demokratie befindet sich in einer Vertrauenskrise.

In unserer Verfassung heißt es in Artikel 20: »Alle Staatsgewalt geht vom Volk aus. Sie wird vom Volke in Wahl und Abstimmung und durch besondere Organe der Gesetzgebung der vollziehenden Gewalt und der Rechtssprechung ausgeübt.« Das ist das Modell einer mittelbaren Demokratie. Zieht man jüngere repräsentative Befragungen zurate, so ergibt sich ein Bild, das der Verfassung nicht folgt. Nur eine Minderheit von 32 Prozent der Bürger halten die repräsentative Demokratie für überlegen gegenüber der direkten Demokratie, die von 51 Prozent der Befragten befürwortet wird. Erschreckend ist das wachsende Misstrauen gegenüber den Politikern. Die Mehrheit der Bürger vertritt inzwischen die Auffassung, dass wichtige politische Fragen vom Volk und nicht von unseren gewählten Politikern entschieden werden sollten. Die Einschätzung, Abgeordnete würden in erster Linie die Interessen der Bevölkerung vertreten, ist in den letzten 20 Jahren kontinuierlich zurückgegangen. Nur 15 Prozent der heute Befragten bringen dieses Vertrauen noch auf.

Daraus folgt: Wir müssen den Mut haben, neue Formen der direkten Demokratie zu erproben – ohne die repräsentative Demokratie zu schwächen, aber um sie zu ergänzen. Renate Köcher, die Chefin des Allensbach-Instituts, bezweifelt, ob wir durch Plebiszite zu besseren Sachentscheidungen kommen. Sie weist auf die ausgeprägte Neigung hin, gegen solche Projekte Widerstand zu leisten, die den eigenen Interessen widersprechen. Nach den Umfragen hätte kaum eine Reform des Sozialstaates, die Einschränkungen mit sich bringt, eine Chance. Es gibt dagegen andere, positive Beispiele. Wir müssen also in demokratische Lernprozesse eintreten, um zu erreichen, dass Entscheidungen sich auch am Gemeinwohl orientieren. Aber es bleibt die Erfahrung: Allein die repräsentative Demokratie ist in der Lage, Interessenkonflikte auszugleichen und Minderheiten zu schützen. Dazu gehört, dass das Vertrauen in die Parteien gestärkt werden muss. Dazu müssen diese vor allem selbst beitragen. Aus Erfahrung weiß ich, dass die Mehrheit der Volksvertreter ihre Aufgabe sehr ernst nimmt, sehr hart und am Gemeinwohl orientiert arbeitet. Parteienkritik ja, Parteienverachtung nein. Der Historiker Heinrich August Winkler, der Bemerkenswertes zu diesem Thema geschrieben hat, zitiert den Juristen und Politikwissenschaftler Ernst Fraenkel. Dieser war einer der großen jüdischen Remigranten und hat 1958 niedergeschrieben: »Ein Volk, das seinem Parlament nicht die Fähigkeit zur Repräsentation zutraut, leidet an einem demokratischen Minderheitskomplex.« Vertrauensbildende Maßnahmen zur Stärkung der repräsentativen Demokratie könnten zum Beispiel sein: Öffnung der Parteien für Nichtmitglieder, Abbau der übermächtigen Stellung von Parteien in Staat und Gesellschaft, Strafbarkeit der Bestechung von Abgeordneten – um nur einige zu nennen.

Zur Glaubwürdigkeit unserer Demokratie gehört auch, dass wir das Sozialstaatsprinzip unseres Grundgesetzes ernst nehmen. Auf eine ökonomisch effektive Gesellschaft können wir nicht verzichten, aber eben auch nicht auf »Brüderlichkeit«, um diesen alten Begriff zu verwenden. Das scheinbar Nutzlose darf nicht abgewertet werden. Wirtschaftliche Effizienz und persönlicher Vorteil führen nicht automatisch und selbstverständlich zum allgemeinen Wohl.

Im Zusammenhang mit den politischen Auseinandersetzungen in den letzten Jahren insbesondere zum Spannungsverhältnis von Sicherheit und Freiheit haben Sie Erich Fromm entdeckt. Was bedeutet er für Sie?

»Die Furcht vor der Freiheit« ist der Titel eines Buches von Erich Fromm, in dem er bereits 1941 eindrucksvoll seine Gedanken zum Wesen der Freiheit und ihrer Bedeutung für den modernen Menschen ausführt. In der Freiheitsgeschichte des Westens beziehen wir uns in der Regel auf die philosophischen und politischen Wurzeln, die in der Aufklärung liegen. Die psychologische Entwicklung des Menschen, die Wirkung von Gefahren auf die Psyche des Menschen gerät dabei allzu oft aus dem Blick. Erich Fromm geht den Ursachen eines übersteigerten Sicherheitsbedürfnisses im Menschen aus der Sicht des Psychoanalytikers und Sozialphilosophen nach.

In der Tat, die Sorge, dass grenzenloses Sicherheitsstreben uns gleichgültig macht gegenüber den Grundwerten unserer freiheitlichen Ordnung und eine Bedrohung für das erfüllte Leben des Einzelnen und auch für die Zukunft der Demokratie darstellt, verbindet mich mit Erich Fromm: »Unsere Kultur hat die Tendenz, Menschen hervorzubringen, die keinen Mut mehr haben und die es nicht wagen, auf eine anregende und intensive Weise zu leben. Wir werden darauf getrimmt, nach Sicherheit als Lebensstil zu streben. Diese aber lässt sich hier nur dadurch erreichen, dass man sich vollständig anpasst und völlig gefühllos wird. So gesehen, sind denn auch Freude und Sicherheit völlige Gegensätze, denn Freude ist das Ergebnis intensiven Lebens.«

Unsicherheit ertragen zu können und Risikobereitschaft gehören zum Wesen des freien Menschen: »Der freie Mensch ist notwendigerweise unsicher; der denkende Mensch ist sich notwendigerweise seiner Sache nicht gewiss.« Der Glaube an das Leben und die produktiven Kräfte, die in jedem Menschen wohnen, begleiten den Weg zum selbstbewussten »Ich bin ich«. Ich stelle mir immer wieder die Frage, warum derart viele Menschen gegenüber Freiheitseinschränkungen so gleichgültig sind.

»Erich Fromm zu lesen bedeutet unter anderem zu begreifen, dass Furcht vor der Freiheit den schmerzlichen Prozess der Aufklärung und Säkularisierung auf dem Weg in die Moderne begleitet. Denn es stimmt ja: Wir gewinnen vieles durch die Freiheit hinzu, aber wir müssen ein Leben im Risiko akzeptieren und verlieren die bequeme Sicherheit. So ist der Mensch immer von Furcht begleitet, wenn er den Raum der Freiheit betritt ...«, dieses schrieb mir Bundespräsident Joachim Gauck, der eine enge Beziehung zu Erich Fromm hat, nach seiner Wahl auf mein Glückwunschschreiben, dem ich meine Rede zur Verleihung des Erich-Fromm-Preises beigefügt hatte.

Ich möchte an dieser Stelle auch Carlo Schmidt zitieren, einen der Väter des Grundgesetzes: »Wir sollten diesen Staat als unseren Staat betrachten, allerdings nicht nur im Sinne einer hübschen Redensart zur Erbauung, sondern in dem Sinne, dass wir in diesem Staat für das verantwortlich sind, was geschieht. Eine Verfassung mag noch so schön sein – sie ist immer nur ein Angebot, von ihren Möglichkeiten Gebrauch zu machen. Dass aus Verfassung Staat wird, liegt in unserer Hand. Das haben wir zu bewirken.«

Ich füge hinzu: Menschenwürde und Freiheit werden uns nicht einfach geschenkt. Sie müssen immer wieder erkämpft werden. Die Demokratie bewahrt und stärkt man am besten dadurch, dass man sie bewusst und aktiv lebt – auch und gerade dann, wenn es schwerfällt.

BEDROHUNG DER REPUBLIK DURCH DEN TERROR

Wie kam es eigentlich, dass Sie 1972 parlamentarischer Staatssekretär im Innenministerium wurden?

Im Oktober 1972 wurde ich in den Bundestag gewählt. Unmittelbar danach hat mich Hans-Dietrich Genscher – damals Bundesinnenminister – gefragt, ob ich diese Aufgabe in seinem Ministerium übernehmen wollte. Ich war ihm aufgefallen als Bundesvorsitzender der Deutschen Jungdemokraten, der damals einflussreichen Jugendorganisation der FDP. Er sah mich als einen Mann, der verankert war im linken Spektrum der FDP, und er wusste, dass ich in der Partei hart gearbeitet hatte – viele Jahre lang. Und ich war an der Basis gut vernetzt. Zwischen uns bestand seit Längerem ein Gesprächs- und Vertrauensverhältnis. Er war an meiner Meinung interessiert. So besprach er mit mir regelmäßig seine Parteitagsreden, auf die er immer größte Sorgfalt verwendete. Sie waren in der Regel Grundsatzreden, mit denen er den Kurs der Partei stark beeinflusste.

War er denn so verortet wie Sie?

Im Grunde ja. Genscher war und ist ein anderes politisches Temperament und hat eine andere Art, Probleme zu lösen. Aber er schätzte mich und hat bis heute eine hohe Sensibilität für das, was ich und meine Freunde einbringen. Er wollte mich nicht für seine Vorstellungen instrumentalisieren, sondern ging von der Erkenntnis aus:

Was Baum vertritt, gehört untrennbar zum Spektrum der FDP. Das dachte er nicht nur, sondern danach handelte er auch. Ich habe eine Menge von ihm gelernt.

Wie war ihr Verhältnis zu diesem Zeitpunkt? War es von Respekt getragen dem Chef gegenüber oder war es schon kollegial-freundschaftlich?

Natürlich war er als Minister der Chef. Was die Politik angeht, agierten wir gleichberechtigt. Ich hatte in einzelnen Punkten meine eigene politische Meinung und habe diese auch vertreten. Nur selten bezogen wir öffentlich gegeneinander Position, so beim Wendemanöver 1982. Ein anderer Fall: Als es um eine Amnestie für Rechtsverstöße bei Parteispenden ging, sprach ich mich im Bundestag dagegen aus. Er blieb mit seiner befürwortenden Gegenrede in der Minderheit. In Genschers Umgebung waren damals auch Günter Verheugen als Öffentlichkeitsmann und Klaus Kinkel als Büroleiter tätig. Wir alle haben Genscher beraten. Verheugen und ich natürlich eher im linksliberalen Sinne. Das war für Genscher wichtig. Unser Verhältnis war von Vertrauen geprägt, auch wenn wir uns zeitweise voneinander entfernt hatten, nämlich 1982, als er die Wende befürwortete und ich nicht. Ich wollte die Fortsetzung der sozial-liberalen Koalition, aber Genscher wandte sich Kohl zu. Wir haben uns aber nie so heftig und unwiederbringlich auseinandergesetzt, dass wir nicht mehr zueinander gefunden hätten. Ganz im Gegenteil: Nach der Wende wurde ich sein Stellvertreter im Parteivorsitz und wir haben eine persönliche Freundschaft entwickelt, die im Laufe der Jahre immer intensiver geworden ist.

In den 1970er-Jahren waren Sie als parlamentarischer Staatssekretär und später als Minister mit dem Terror der RAF konfrontiert. Wie war denn die Situation der bundesrepublikanischen Gesellschaft in dieser Zeit, als die Terroristen zuschlugen?

Die Gesellschaft befand sich in einem Umbruchprozess. Die Reformanstöße, die Reformimpulse, der Wunsch, die Republik zu reformieren, sich von den autoritären Strukturen der Vergangenheit zu lösen, das alles war eine breite Strömung, insbesondere bei der jungen Generation. Genau in diese Umbruchphase stieß die RAF hinein. Notstandsgesetze, Vietnamkrieg, Auseinandersetzung mit der Nazivergangenheit – all diese Themen trieben uns auf die Barrikaden. Aber wir in den Parteien kämpften mit den Mitteln der parlamentarischen Demokratie – für einen liberalen Staat in einer liberalen Gesellschaft. Das schlug sich dann nieder in den Reformentscheidungen der sozialliberalen Koalition.

Die RAF ist ohne diese Aufbruchsphase in den 1960er- und 1970er-Jahren, ohne die stürmischen Proteste der Studentenbewegung nicht vorstellbar. Aber die Reformbewegung ist natürlich vorstellbar ohne die RAF. Sie verkörpert eher so etwas wie die Nachtseite dieser Bewegung. Wir wollten nicht, dass der Staat so hässlich wird, wie die RAF ihn darzustellen versuchte. Aber leider provozierte ihr Auftreten staatliche Abwehrmaßnahmen, die aus heutiger Sicht oft überzogenen waren und die sinnvollen und notwendigen Reformen sogar behinderten.

Die RAF hatte die Gesellschaft herausgefordert. Sie hatte einen Schock ausgelöst. Bemerkenswert ist, wie hektisch die Gesellschaft auf die RAF reagierte. Bis heute ist diese Phase der Nachkriegsgeschichte eine offene Wunde. Eine politisch motivierte Gewalt, die sich gegen Repräsentanten des Staates und der Wirtschaft richtete, das kannten wir bis dahin nicht.

Hatten Sie jemals gedacht, dass es so etwas überhaupt in der Republik geben kann, dass sich eine derartige Terrorgruppe bildet?

Das war nicht vorhersehbar. Die ganze Entwickelung der RAF ist kein durchgeplanter Prozess gewesen. Sie ist eher durch Zufälle und unvorhersehbare Ereignisse entstanden. Ich denke zum Beispiel an die Befreiungsaktion für Andreas Baader, die zum wahrscheinlich überhaupt nicht geplanten Waffeneinsatz führte und damit zum Abtauchen in die Illegalität. Dann die Tötung von Benno Ohnesorg 1967 im Zusammenhang mit dem skandalösen Schah-Besuch in Berlin. Ein unglaublicher Motivationsschub für all diejenigen, die dem Staat ohnehin kritisch gegenüberstanden.

Was wusste man damals eigentlich über die Rolle von Karl-Heinz Kurras?

Dass bei der Aufarbeitung des Vorfalls vieles vertuscht wurde, haben wir vermutet. Kurras kam sehr milde davon. Den Stasi-Hintergrund kannten wir allerdings nicht. Und es spricht auch heute nichts dafür, dass er im Auftrag der Stasi handelte. Empört haben wir uns über die zum Teil sehr abstoßenden Reaktionen auf den Tod von Ohnesorg in den Medien, vor allem in der Bild-Zeitung. Dass Ohnesorg ein friedlicher Demonstrant gewesen war, wurde heruntergespielt, auch seine Tötung. Es wurde so getan, als sei der Vorfall eine Beiläufigkeit. Man kann das nicht oft genug betonen: Die Wirkung der Tat auf die jungen Leute war enorm. Sie hatten nun das Gefühl, der Staat schießt auf uns. Also schießen wir jetzt zurück.

In welcher Weise war der Staat auf den RAF-Terrorismus vorbereitet?

In keiner Weise – weder mental noch mit den Abwehrinstrumenten von Polizei und Justiz. Das Bundeskriminalamt war, als Genscher Innenminister wurde, in einem desolaten Zustand. Die Sicherheitsbehörden mussten erst einmal in die Lage versetzt werden, der Bedrohung entgegentreten zu können. In diesem Zusammenhang ist die kläglich gescheiterte Befreiungsaktion der Geiseln nach dem Anschlag auf die israelische Olympiamannschaft 1972 in München zu erwähnen. Erst danach ist die »GSG 9« als bundespolizeiliche Eingreiftruppe aufgebaut worden.

Was löste der Terror bei den politisch Verantwortlichen für unmittelbare Reaktionen aus?

Kontroversen und politischer Streit waren die Folge. Der Terrorismus wurde zum Instrument im Parteienkampf. Die konservative Opposition mit Franz Josef Strauß an der Spitze versuchte ihn »den Linken«, also der sozialliberalen Regierung, in die Schuhe zu schieben – nach dem Motto: Das habt ihr nun von eurer laxen Haltung gegenüber den Grundwerten unserer Gesellschaft. In den Augen von Strauß war ich ein »Sicherheitsrisiko«. Meine Bemühungen um Datenschutz diffamierte er als Täterschutz. Es gab allerdings auch Verharmlosungstendenzen in der linken Szene, die nicht zu billigen waren. Etwa, wenn die Anwendung von »Gewalt gegen Sachen« für gerechtfertigt erklärt wurde. In diese Kontroversen hinein spielte ein Klima der Angst, das von bestimmten Politikern und Medien geschürt wurde. Es eskalierte dann bis hin zu der Einschätzung: Die RAF ist eine akute Gefährdung für die Demokratie. Von Staatsnotstand, sogar Kriegszustand war die Rede. Nur: Die Demokratie war weder in Not noch im Krieg. Nicht wegen einiger Desperados mit ihren Sympathisanten und Helfern, deren Zahl allerdings zeitweise besorgniserregend hoch war. Die Anzahl der Mitglieder des sogenannten harten Kerns aller drei Generationen der RAF betrug zwischen den 1970er- und 1990er-Jahren zwischen 60 und 80 Personen. Am Ende stand die bittere Bilanz von 34 Mordopfern. Auf der Seite der Mitglieder und Sympathisanten der RAF kamen 27 Menschen durch Fremdeinwirkung, Selbstmord, Hungerstreik oder Krankheit ums Leben.

Der Künstler Hans-Peter Feldmann hat übrigens in einer eindrucksvollen Fotoinstallation alle Toten dargestellt, die Opfer und die Täter und auch andere Menschen, die in Folge der Eskalationen ums Leben kamen. Die normale Bevölkerung war nicht Zielscheibe des Terrorismus – abgesehen von einigen Fahrern und Polizeibeamten sowie später von Passagieren und der Besatzung bei der Kaperung des Lufthansa-Flugzeugs Landshut.

Gab es damals schon Versuche, den Ursachen des RAF-Terrors nachzugehen?

Es gab vielfältige Erklärungsversuche. Ich denke zum Beispiel an Max Frisch, der auf einem SPD-Parteitag nachdenkliche Worte sprach. Ich denke an Worte von Heinrich Böll, Hans Magnus Enzensberger und auch von Joseph Ratzinger, der damals Erzbischof von München und Freising war. Den genannten Personen ging es nie um die Rechtfertigung von Mördern, sondern um Spurensuche. Ich denke auch an Claus Peymann, der als Schauspieldirektor in Stuttgart von Ministerpräsident Hans Filbinger unter Druck gesetzt wurde und schließlich wegen einer Geldsammlung gehen musste: Es ging um einen Zahnersatz für die inhaftierte Gudrun Ensslin.

Die Terroristen sind schließlich nicht vom Himmel gefallen. Sie waren Kinder unserer Gesellschaft – was war fehl gelaufen? Uns interessierten besonders Gudrun Ensslin und Ulrike Meinhof, die ja aus einem bürgerlich-intellektuellen Milieu stammten. Was war passiert, dass diese Menschen zu Mördern werden konnten? Bereits ab 1977 ließen wir die Lebensläufe der Täter und Täterinnen und die gesellschaftliche Situation in der damaligen Bundesrepublik von namhaften Wissenschaftlern systematisch erforschen. Das Ergebnis wurde in fünf Bänden unter dem Titel »Analysen zum Terrorismus« veröffentlicht – eine ausführliche Zustandsbeschreibung der damaligen Gesellschaft.

Der Münchner Zeithistoriker Johannes Hürter befasst sich heute speziell mit dem Terrorismus jener Jahre. Er sieht mich als Vertreter einer liberalen Gegenbewegung und sagt: »Für diesen Wandel stand der FDP-Politiker Gerhart Baum. Baum begrenzte den ausufernden Fahndungsaktivismus … er suchte den Dialog mit dem Umfeld der RAF sowie mit den Aussteigern.« Hürter weist auch auf die von mir geförderten Forschungsarbeiten hin und kommt zu dem Ergebnis: »So wurden am Ende der sozial-liberalen Ära einige Voraussetzungen für eine andere Antiterrorismuspolitik geschaffen.«

Neben diesen Schwierigkeiten stellt sich die Frage, ob die Stimmungsmache der Bild-Zeitung und anderer Medien und deren journalistische Aufbereitung des RAF-Terrors in den 1970er-Jahren einen Einfluss auf die politische Behandlung dieses Problems hatte?

Die von den Medien aufgeheizte Stimmung hat die politische Diskussion natürlich beeinflusst. Mitunter war es blinder Hass – nicht nur auf die RAF, sondern auf die Reformbewegung insgesamt. Die Bild-Zeitung stand an der Spitze dieser Bewegung. Heinrich Böll hatte ein Büchlein herausgegeben, in dem er die vergiftenden Artikel der Bild-Zeitung zusammengefasst und kommentiert hat. Da kann man ganz genau nachlesen: Jahrelang gab es eine richtige Kampagne. Sie richtete sich gegen die 68er-Bewegung, aber auch gegen die neue Deutschland- und Ostpolitik. Später hat sich das Verlagshaus Springer zum Teil distanziert, der Leitartikler Peter Boenisch hatte sich sogar entschuldigt.

Wie konnte ein Staat mit 60 Millionen Menschen damals so aufgeschreckt reagieren und in derartige Hysterie verfallen?

Da kam einiges zusammen. Nicht wenige Menschen waren durch die Proteste der 68er-Bewegung aufgeschreckt. Es gab zahlreiche und auch gewalttätige Demonstrationen. Vieles wurde infrage gestellt. Aber auch Intoleranz war im Spiel und Hass auf die Liberalen. Dennoch: Die Republik, so kann man sagen, wurde damals noch einmal gegründet. Reformen in vielen Politik- und Lebensbereichen wurden in die Wege geleitet: eine gründliche Auseinandersetzung mit der Nazizeit, die Stärkung der Frau in der Gesellschaft, Chancengleichheit in der Bildung, Schutz der natürlichen Lebensgrundlagen, Reform des Sexualstrafrechts – um nur einige Punkte zu nennen. Ralf Dahrendorf, der liberale Vordenker, sah in der 68er-Bewegung »einen Modernitätsschub und eine tief greifende Veränderung kulturellen Verhaltens«.

1978 wurden Sie durch den Rücktritt von Werner Maihofer Innenminister. Kam das überraschend oder waren Sie darauf vorbereitet?

Ich war ja bereits Parlamentarischer Staatssekretär im Innenministerium – erst bei Genscher und dann bei meinem väterlichen Freund Werner Maihofer, dem ich politisch und persönlich sehr nahestand. Er war einer der Väter der »Freiburger Thesen« von 1971. Er war Wissenschaftler und Strafrechtsprofessor. Für ihn war die Politik eine neue Rolle und er hatte gewisse Schwierigkeiten, seine Überzeugungen mit seinem Regierungshandeln zu vereinbaren. Sein öffentliches Bild belastete zunehmend die FDP. Zuletzt wurden ihm die Abhöraffäre Traube und die sogenannte Schleyer-Panne zum Vorwurf gemacht. Wir erinnern uns: Man hatte Hinweise auf die Wohnung, in der sich Hanns Martin Schleyer zeitweilig befand. Sie wurden nicht verwertet. Das war ein Riesenskandal. In diesem Moment – obwohl er dafür nicht allein verantwortlich war – stand die Frage der Nachfolge an.

Hat Maihofer Sie vorher informiert, dass er zurücktreten wird? Waren Sie da eingeschaltet?

Alles ging ganz schnell. Genscher hatte sich für mich entschieden und den zögernden Bundeskanzler Helmut Schmidt vor vollendete Tatsachen gestellt. Ich galt zunächst auch in der öffentlichen Meinung als zweite Wahl. Eine gar nicht so unkomfortable Position, weil man dann die Chance hat, das Gegenteil zu beweisen.

Zweite Wahl, weil Sie als Linksliberaler eingeschätzt wurden oder weil man sagte: Das Ding ist zu groß für den Baum?

Manche wollten mich unter keinen Umständen wegen meiner politischen Überzeugung und andere hatten Zweifel, ob ich dem Amt gewachsen war, vor allem im Umgang mit den Sicherheitsbehörden. Das war in der Tat eine schwierige Situation. Ich wurde sehr kritisch beobachtet und musste rasch Vertrauen gewinnen, was mir auch gelungen ist. So pflegte ich einen ständigen vertrauensvollen Austausch mit dem Präsidenten des Bundeskriminalamtes, Horst Herold. Herold hat sich große Verdienste bei der Bekämpfung des RAF-Terrorismus erworben. Er war ein kluger Analytiker und hatte auch die gesellschaftlichen Umstände im Blick. Dass ich am Ende seiner Amtszeit eine Kontroverse mit ihm hatte, änderte nichts an meiner Wertschätzung. Von der Öffentlichkeit weniger beachtet, leistete auch das Bundesamt für Verfassungsschutz wichtige Beiträge bei der Bekämpfung der RAF. Mit seinem Präsidenten, Richard Meier, verband mich ebenfalls ein intensives Gesprächsverhältnis. Im Übrigen hatte ich ein gutes kollegiales Arbeitsverhältnis mit einem engen Vertrauten des Bundeskanzlers, mit dem damaligen Bundesjustizminister Hans-Jochen Vogel. Wir haben uns oft abgestimmt. Der Bundeskanzler hatte mir als Erstes die Aufgabe gestellt, Konsequenzen aus der Schleyer-Panne zu ziehen. Ein wichtiger Schritt war, die Zuständigkeiten und den Informationsaustausch zwischen Bund und Ländern neu zu ordnen. Das ist ja auch heute nach den Morden der Zwickauer Terrorzelle wieder eine sehr aktuelle Frage.

Hatten Sie überhaupt eine Sekunde gezögert, dieses Amt anzunehmen, oder war es so, dass Sie sagten: »Da freue ich mich drauf.«?

Ich habe mich nicht ausdrücklich um dieses Amt beworben. Schnell habe ich allerdings gemerkt, dass ich in die engere Wahl kommen würde, und habe dann von heute auf morgen das Amt übernommen. Ich hatte plötzlich eine Riesenverantwortung. Natürlich kannte ich die Personen, mit denen ich es zu tun hatte, und die Materie war mir nicht fremd. Denn ich arbeitete in diesem Ministerium bereits seit sechseinhalb Jahren als Parlamentarischer Staatssekretär.

Mit diesem Amt traten Sie natürlich in den Fokus terroristischer Bedrohungen. Wie wirkte sich diese Situation auf Ihr Alltagsleben aus?

Mit der Amtsübernahme trat eine entscheidende Veränderung ein: Ich durfte ohne Polizeischutz nirgendwo mehr hingehen. Nicht einmal auf die Toilette in einem Lokal. Im Hotel wachten die ganze Nacht Sicherheitsbeamte vor meiner Tür. Außerhalb meiner Wohnung war ich immer in Begleitung von mindestens vier Personen. Von einem Spaziergang durch den Kölner Stadtwald gibt es ein sehr bekanntes Foto: Meine Tochter Julia geht neben mir und um uns herum sichern vier Polizeibeamte mit Blicken nach allen Seiten das Gelände. Mein Privathaus wurde zu einer Festung. Tag und Nacht saßen Polizisten in einem Container davor. Überall waren Bewegungsmelder. Wenn ein Kaninchen über die Wiese lief, wurde es taghell. Ich war aus einer Stadtwohnung in ein Einfamilienhaus mit großem Garten gezogen, um wenigstens ohne polizeiliche Begleitung mal an die frische Luft gehen zu können.

Wie geht man mit so einem Verlust an Privatheit um?

Ich hatte ohnehin wenig Zeit für ein Privatleben. Es gab damals kein Ministerium mit einem so weit gefächerten Zuständigkeitsbereich: Ich war Sicherheitsminister, Umweltminister, zuständig auch für die Reaktorsicherheit; ich war Sportminister und auch zuständig für Kultur und Medien. Das Innenministerium war und ist das Verfassungsministerium des Bundes. Eine wichtige Zuständigkeit ist auch der Öffentliche Dienst. Eine der spannendsten Aufgaben waren für mich die Tarifverhandlungen im Öffentlichen Dienst mit dem legendären Gewerkschaftsvorsitzenden Heinz Kluncker.

Lassen Sie uns noch einmal auf die Sicherheitsfrage kommen. Man erlebte, wie Protagonisten dieses Staates ermordet wurden. Fühlten Sie sich bedroht?

Ich hatte keine Angst oder ich hatte sie verdrängt. Sie müssen sich vorstellen: Sie sitzen in einem Auto und neben Ihnen in der Tür hängt eine Maschinenpistole und Sie sind umgeben von schwer bewaffneten Polizeibeamten. Das Auto war ein gepanzerter Mercedes und wir fuhren außerdem immer in einer Kolonne mit drei Autos. Ich saß im mittleren Fahrzeug, eines fuhr voran und ein weiteres hinterher. In den Hoch-Zeiten der Bedrohung kamen noch zwei Motorräder dazu. Es war nicht ungefährlich, sich mit einer solchen Kolonne durch den Straßenverkehr zu bewegen. Es musste unbedingt verhindert werden, dass sich ein anderes Fahrzeug in die Kolonne schob. Peinlich war mir, wenn ich im Wahlkampf in einer Fußgängerzone mit dieser Eskorte erschien. Ich versuchte dann, das Zivile zu betonen, indem ich vorher ausstieg. Für mich war dieser Sicherheitsstatus im Gegensatz zu anderen Kollegen kein Prestigefaktor. Merkwürdigerweise fühlte ich mich auch nicht unmittelbar bedroht. Das allerdings war eine Fehleinschätzung. Später erfuhr ich, dass ich auch auf der Liste möglicher Terroropfer stand.

Einschneidend waren die Veränderungen im Familienleben, durch die Sicherheitsvorkehrungen, viel mehr aber durch die Belastungen, die das neue Amt mit sich brachten. Das heißt, wenn ich mal zu Hause war, wollte ich nicht unbedingt mit familiären Problemen belastet werden. Ich war ein Schönwettervater. Ich konnte mich meiner Familie leider nicht hinreichend widmen, und habe sie dadurch sehr belastet.

Gab es in dieser Zeit Menschen, mit denen Sie offen über persönliche Sorgen, über Probleme und auch über Ängste reden konnten?

Gespräche gab es in der Familie und mit einigen vertrauten Jugendfreunden. Es gab sie in der Partei und natürlich auch im Ministerium. Ich hatte zum Beispiel ein enges Vertrauensverhältnis zu Andreas von Schoeler, meinem Parlamentarischen Staatssekretär. Vertrauter war vor allem mein Planungschef Klaus Thomsen, ein kreativer, mutiger Mann, im Ministerium allerdings nicht unumstritten. Mit ihm konnte ich wirklich alles intensiv besprechen. Ich hatte weitere hoch qualifizierte Mitarbeiter, die später in der Wirtschaft hochrangige Positionen besetzt haben. Und natürlich die beiden beamteten Staatssekretäre. Mir war klar: Man kann nicht gegen, sondern nur mit den Verantwortlichen im Ministerium arbeiten. Sie haben die notwendige Qualifikation und die meisten lassen sich motivieren. Wenn ein Problem zu lösen war, brachte ich alle Beteiligten an einen Tisch und oft hatte einer, der überhaupt keinen »Rang« hatte, plötzlich die Lösung. Ich wollte immer auch unmittelbar mit den Menschen reden und nicht nur über Vermerke kommunizieren. Mein Prinzip war Transparenz.

Das Ministeramt steht ja in einem Spannungsverhältnis. Einerseits sind Sie Chef einer großen Behörde und Sachzwängen unterworfen, andererseits sind Sie Politiker. Sie gehen in die Öffentlichkeit, reden auf Kongressen, reden auf Wahlveranstaltungen, haben mit den Bürgern zu tun. Unzählige Menschen machen Vorschläge, geben Anregungen. Und dann kommt man angefüllt mit all diesen Ideen in das Ministerium zurück und fragt sich: Können wir das nicht so machen, müssen wir nicht da noch etwas ändern? In vielen Fällen konnte man wirklich etwas tun, in anderen musste ich lernen, dass Zusagen und Festlegungen nicht einzulösen waren. Aber ich blieb der Mann, der nicht nur am Schreibtisch im Ministerium saß, sondern auch die Außenwelt intensiv wahrnahm. Ich habe viele Anregungen und Impulse von außen in das Ministerium hineingetragen.

Konnte man denn so viele unterschiedliche Themen alle durchdringen? Schafft man das als Minister?

Ich versuchte, keine Entscheidung unter Stress zu fällen. Wenn sie nicht ausgereift war, wurde sie vertieft. Ich bin natürlich nicht allen Ratschlägen gefolgt. Das Interessante beginnt erst, wenn man nachbohrt, wenn man versucht, neue Wege zu finden. Das gelingt manchmal, aber in vielen Fällen ist man doch von Anfang an richtig beraten worden. Ich kann allen Menschen, die in verantwortlicher Position stehen, nur empfehlen: Nehmen Sie die Leute ernst, die mit Ihnen zusammenarbeiten, und ermuntern Sie diese zur Kritik; sie sind dann motiviert und helfen Ihnen. Menschen, die Ihnen nur schmeicheln, sind schlechte Berater. Ich hatte gute Berater, unabhängig von ihrer parteipolitischen Prägung. Meine beiden Büroleiter etwa waren CDU-Mitglieder und sind später bei Kohl Staatssekretäre geworden. Dennoch haben sie mich loyal beraten.

Eine Reihe von Verbrechen der RAF sind bis heute nicht oder nur ansatzweise geklärt. Sehen Sie hier ein Versagen des Staates, der noch konsequenter hätte vorgehen müssen?

Zunächst: Die meisten Taten sind aufgeklärt und der Staat konnte den Terroristen das Handwerk legen. Die RAF gibt es seit geraumer Zeit nicht mehr, sie hat sich 1998 mit einer Abschlusserklärung selbst aufgelöst. Die RAF verschwand spurlos. Am Ende seiner aufschlussreichen »Geschichte der RAF« stellt Willi Winkler fest: »Der Sinn der Organisation RAF war ihr Scheitern.« Wir haben verschiedene Phasen des RAF-Terrorismus und auch unterschiedliche Motivationen erlebt. Die politische Motivation wurde u.a. gespeist durch einen militanten Antiamerikanismus, ausgelöst durch den Vietnamkrieg. Darum auch Anschläge auf amerikanische Einrichtungen und Personen. Kritik am Vietnamkrieg war allerdings damals weit verbreitet und erklärt das Sympathiefeld zu Beginn der RAF. Auch ich habe damals wie viele junge Menschen gegen den Vietnamkrieg demonstriert, aber – wie die Mehrzahl – Gewalt abgelehnt. Als Motivation für Gewalttaten kam der Hass auf den Kapitalismus und seine Repräsentanten hinzu, wie zum Beispiel gegen den Bankier Alfred Herrhausen, allerdings damals einer der liberalsten Wirtschaftsrepräsentanten der Republik. Motivation war auch das verhasste »Unterdrückungssystem«. Als Beispiele nenne ich die Anschläge auf den Kammergerichtspräsidenten Günter von Drenkmann in Berlin – im Übrigen der erste politische Mord 1974, am Tag nach dem Hungerstreik-Tod von Holger Meins – und später auf den Generalbundesanwalt Siegfried Buback.

Eine weitere Phase war ganz auf die Befreiung der in Stammheim Inhaftierten gezielt. Dazu gehörten u.a. die Morde an Jürgen Ponto, Vorstandssprecher der Dresdner Bank, und an Arbeitgeberpräsident Hanns Martin Schleyer und seinen Begleitern.

Schließlich folgte die Phase der bis heute unaufgeklärten Taten ab Ende der 1980er-Jahre: gegen Gerold von Braunmühl, einen Diplomaten, den man erschossen hat, weil man ihm eine andere Zuständigkeit im Ministerium unterstellte, als er wirklich hatte. Dazu gehören auch die Morde an Alfred Herrhausen, an den Managern Detlev Rohwedder, Karl Heinz Beckurts und Ernst Zimmermann.

Die Täter der sogenannten dritten RAF-Generation hatten aus den Fehlern ihrer Vorgänger gelernt. Sie sind für die Taten aufgetaucht und dann wieder verschwunden. Wir haben bis heute keine genaue Kenntnis, wer sie sind und wo sie sind. Es gibt allerdings Hinweise auf mögliche Täter. Ich nehme an, wenn nicht einer auf dem Totenbett spricht, werden wir nie erfahren, wer diese waren. Es gibt Ex-Terroristen, die wir kennen und die diese Täter kennen müssten. Sie reden aber nicht. Hier gilt die RAF-Omérta.

Müsste das nicht endlich aufgeklärt werden?

Wenn irgendwie möglich, ja. Von meinem Umgang mit Opfern der verschiedensten Art, von Flugzeugkatastrophen bis zur Duisburg-Loveparade, weiß ich, alle haben den dringenden Wunsch: Wir möchten wissen, was wirklich passiert ist, wer als Person verantwortlich ist.

Das treibt ja auch Michael Buback an, den Sohn des ermordeten Siegfried Buback. Allerdings treibt ihn dieses Bedürfnis bis hin zu Verschwörungstheorien, die keine reale Grundlage haben. Aber er möchte unbedingt wissen – und das respektiere ich – wer seinen Vater wirklich erschossen hat. Wir wissen, dass daran eine ganze Gruppe beteiligt war. Die konkreten Tatbeiträge waren bisher nicht zu rekonstruieren, auch nicht im Gerichtsverfahren gegen Verena Becker.

Wie kam es eigentlich, dass so viele Frauen in der RAF waren?

Zu dieser in der Tat hochinteressanten Frage hat die Bielefelder Geschichtswissenschaftlerin Gisela Diewald-Kerkmann ausführlich geforscht und publiziert. Generell kann man feststellen, dass in der 68er-Bewegung Frauen zunehmend politisch aktiv wurden.

Hat der Staat aus heutiger Sicht Fehler gemacht und dazu beigetragen, dass die Gewalt eskalierte?

Leider ja. Es wurde bisweilen Öl ins Feuer gegossen, statt zu beruhigen. Es gab Fakten, die zweifellos die Täter motiviert haben, zum Beispiel »Isolationsfolter«. Problematisch ist schon der Begriff. Dennoch, das hätte nicht passieren dürfen, auch wenn es sich um Ausnahmefälle handelte. Diese allerdings hatten eine große Wirkung, auch auf das Sympathisantenfeld. Wie zum Beispiel der Fall Ulrike Meinhof, die in einem toten Trakt des Kölner Gefängnisses ein Zeit lang völlig allein inhaftiert war. Eine psychisch unerträglich belastende Situation. Ein anderes Extrem war Stammheim: Die Gefangenen in Stammheim haben so komfortabel zusammengelebt, wie keine anderen Untersuchungshäftlinge in der ganzen Republik. Auch der Hungerstreik-Tod von Holger Meins hat eine motivierende Rolle gespielt – und so war er auch angelegt. Der Staat brachte sich mit der Art des Umgangs mit diesem Fall in Kritik.

Aus heutiger Sicht würde ich sagen, dass der Staat nicht in allen Fällen wohlüberlegt gehandelt hat. Der Eskalation wurde nicht entgegengewirkt. Aber eine Amnestie, die mitunter vorgeschlagen wurde, war für diese Fälle ungeeignet. Schließlich hatten wir es ja mit Mord und anderen schweren Straftaten zu tun. Später haben wir Zeichen gesetzt, die zur Beruhigung beitragen konnten, zur Beruhigung insbesondere des ziemlich umfangreichen Feldes der Unterstützer und Sympathisanten. Nur eine Minderheit von ihnen hat sich strafbar gemacht. Etwa tausend Personen sind wegen Unterstützung der RAF verurteilt worden.

In meinem umstrittenen »Spiegel«-Gespräch mit dem Ex-Terroristen Horst Mahler 1980 – später veröffentlicht unter dem Titel »Der Minister und der Terrorist« – habe ich unter Protest der Opposition gesagt, dass man »den Zusammenhang zwischen den Sündenfällen des Staates und der Feindschaft gegen den Staat nicht leugnen darf«. Mit diesem Gespräch wollte ich in die Sympathisantenszene hineinwirken. Die Opposition reagierte im Bundestag mit einem Misstrauensantrag gegen mich.

Meine Antiterror-Strategie war eines der Hauptthemen im Bundeswahlkampf 1980. Die Opposition drang mit ihrer Kritik beim Wähler nicht durch. Wir hatten mit 10,8 Prozent ein tolles Wahlergebnis. Umso unverständlicher war, dass nach der Wende 1982 meine Partei einen meiner schärfsten Gegner als Nachfolger akzeptierte, den Strauß-Intimus Friedrich Zimmermann.

Wie erklären Sie sich, dass es anfänglich eine so starke Unterstützerszene gab, auch klammheimliche Unterstützer, linke Denker, die selbst nie Gewalt angewendet hätten?

Nur eine Minderheit hat Gewalt zur Erreichung politischer Ziele befürwortet! Diese Ziele aber waren besonders bei den jungen Menschen weit verbreitet: die Kritik am kapitalistischen System, auch der Hass auf die Amerikaner. Sogar Otto Schily versuchte damals, den Anschlag auf eine US-Kaserne zu erklären. Schließlich trat immer stärker ein antizionistisches Element hinzu. Die Terroristen fanden Unterstützung bei palästinensischen Terrorgruppen. Um diese Verbindungen zu schwächen, habe ich 1978 in Tripolis im Auftrag der Bundesregierung sogar ein Gespräch mit Muammar Gaddafi geführt. Es war nicht ganz erfolglos: Einige palästinensische Täter wurden deaktiviert.

Wie ist denn aus heutiger Sicht das Verhalten der damaligen DDR gegenüber RAF-Mitgliedern zu bewerten?

Es war wohl das Interesse des DDR-Regimes, der Bundesrepublik zu schaden. Wir wussten bereits, dass mitunter Reisen der Terroristen über die DDR erfolgten. Von einer weiteren aktiven Unterstützerrolle der DDR war allerdings nur Weniges bekannt. So hatten wir zum Beispiel keine Kenntnis davon, dass RAF-Terroristen in der DDR aufgenommen und mit neuen Biografien ausgestattet wurden. RAF-Terroristen sollen dort auch an Waffen trainiert worden sein. Aber das blieb alles im Dunkeln. Andererseits hatten wir im Gegensatz zur Haltung der DDR bei unseren Fahndungen die Unterstützung einiger osteuropäischer Staaten, wie zum Beispiel von Bulgarien. Der jugoslawische Staatspräsident Tito dagegen hat uns in einer sehr kritischen Situation die Auslieferung von Top-RAF-Leuten, darunter Brigitte Mohnhaupt, verweigert. Hätte Tito kooperiert, wären vermutlich mehrere Taten später zu verhindern gewesen.

Haben Sie sofort die Gefahr gesehen, welche Folgen sich ergeben können, wenn die Angst und nicht die Vernunft das Strafrecht und die Gesetzgebung allgemein beeinflusste, wie es damals geschehen ist?

Tatsächlich ein Gedanke, der mich nicht mehr losgelassen hat. Mein Freund Burkhard Hirsch sagt immer, wir haben seit dieser RAF-Zeit unablässig eine sicherheitspolitische Aufrüstung erlebt, und zwar über die Jahre hinweg bis heute in mehreren Stufen. Nicht nur durch Verschärfung der Gesetze im Strafprozessrecht, sondern auch durch die Art der Fahndung, in die immer mehr unbeteiligte Personen einbezogen wurden. Der Weg in den Präventionsstaat nahm hier seinen Anfang. Wer zum Beispiel im Zug neben einem Sympathisanten der RAF saß, wurde miterfasst, weil er ja dazugehören könnte. Dieses nannte sich damals »beobachtende Fahnung«. Die sicherheitspolitische Aufrüstung hat sich von da an schleichend in unsere Gesellschaft eingefressen. Das Prinzip der inneren Sicherheit hat sich verselbstständigt bis hin zu der Behauptung, wir hätten ein Grundrecht auf Innere Sicherheit. Das haben wir natürlich nicht.

Alles, was wir tun, muss in Bezug gesetzt werden zur Freiheit. Bei der Abwägung zwischen Sicherheit und Freiheit muss letztere der Maßstab bleiben. Der Staat hat natürlich nach besten Kräften für die Sicherheit der Bürger zu sorgen. Aber nicht alles, was den Sicherheitsbehörden dienlich ist, darf geschehen. Der Zweck heiligt eben nicht alle Mittel, zum Beispiel nicht die Folter! Die später von mir mit erstrittenen Urteile des Bundesverfassungsgerichts zeigen die Grenzen auf, bis zu denen der Staat gehen darf. Dass die Bürger diese Sicherheitsmaßnahmen weithin klaglos akzeptieren, hängt mit mangelnder Risikobereitschaft des Einzelnen zusammen. Viele Politiker haben den Bürgern vorgegaukelt, dass man diese Risiken minimieren oder gar vermeiden könnte. Man müsse sie dazu nur wählen! Das Schwierige in solchen Situationen ist, die Angst zu bekämpfen, die die Menschen blind macht, und ihnen vor Augen zu führen, dass bestimmte Risiken zwar zu vermindern, aber nicht zu beseitigen sind. Der Umgang mit dem Risiko ist entscheidend für die Lebendigkeit einer Demokratie, entscheidend für Freiheit und Menschenwürde. »Nur derjenige ist wirklich frei, der auch Unsicherheit in Kauf nimmt« – das ist die bleibende Botschaft, die der Sozialpsychologe Erich Fromm uns in seinem Buch »Die Furcht vor der Freiheit« vermittelt.

In der Rückschau geben Sie sich als Kritiker. Trugen Sie selbst nicht die Maßnahmen mit?

Um keinen falschen Eindruck zu erwecken, muss festgestellt werden, dass ein Teil der Gesetzesänderungen damals unumgänglich waren – zum Beispiel in Hinsicht auf das bis dahin völlig ungewohnte Verhalten von RAF-Angeklagten vor Gericht. Andere Maßnahmen waren wiederum sehr problematisch – etwa das sogenannte Kontaktsperregesetz, durch das Inhaftierte von der Außenwelt praktisch abgeschnitten wurden. Ich hatte diesem Gesetz zugestimmt. Ich war eingebunden in die Disziplin einer Regierung. Unser Nachgeben in anderen Fällen ist auch dadurch zu erklären, dass uns die

Opposition durch ständige Angriffe in die Defensive zu bringen suchte. Insgesamt habe ich aber gegen die sicherheitspolitische Aufrüstung bis heute immer wieder opponiert.

Wie erklären Sie sich, dass sich die Kunst mit diesem Thema noch Jahre später auseinandergesetzt hat?

Ein weiteres Signal, dass diese Wunde bis heute noch nicht verheilt ist. Abzulesen ist das zum Beispiel an der RAF-Ausstellung, die im Jahre 2005 in den »Kunstwerken«, Berlin, stattfand. Ich selbst habe die Ausstellung nachdrücklich gefördert. Ein vorzüglicher zweibändiger Katalog zu dieser Ausstellung gibt einen umfassenden Überblick darüber, was in der bildenden Kunst als bis heute nachwirkende Reaktion auf die RAF geschah. Zu nennen ist in diesem Zusammenhang auch der berühmte Baader-Meinhof-Zyklus von Gerhard Richter – heute im Besitz des Museums of Modern Art in New York. Nicht nur die bildende Kunst, sondern auch zahlreiche Filme und auch literarische Werke haben sich diesem Thema angenähert. Nicht zu vergessen das Musiktheater meines Freundes Helmut Lachenmann »Das Mädchen mit den Schwefelhölzern«, komponiert in den 1990er-Jahren, u.a. nach Texten von Gudrun Ensslin.

Haben wir denn aus dem Umgang mit dem RAF-Terrorismus gelernt?

Die Sicherheitsgesetze nach dem 11. September sprechen dagegen. Diese ermöglichen weitreichende Eingriffe in die Privatheit unverdächtiger Bürger. Sie orientieren sich an den Sicherheitsvorstellungen der USA. Die Frage ist, wie die Bevölkerung in Deutschland heute auf einen terroristischen Anschlag reagieren würde. Ich hoffe, dass wir mit solchen Herausforderungen heute souveräner umgingen. Vielleicht eine Hoffnung, die sich nicht erfüllt, wenn morgen eine Bombe etwa in einem Bahnhof explodieren würde.

Ich hoffe jedenfalls, dass es Lernprozesse gibt. Dazu hat auch die Rechtsprechung des Bundesverfassungsgerichts beigetragen. Wolfgang Schäuble war der Letzte, der noch die alte Sicherheitsphilosophie pur vertreten hat. Von ihm kamen schon harte Töne. Sein Nachfolger, Thomas de Maizière, war ein ganz anderer Innenminister, der sehr viel ruhiger und sachlicher mit der Bedrohung umgegangen ist. Den jetzigen Innenminister Friedrich kann ich in dieser Hinsicht nicht genau einschätzen. Gegen inakzeptable Vorstöße ist vor allem Bundesjustizministerin Sabine Leutheusser-Schnarrenberger ein Bollwerk der Liberalität.

Wichtig ist dabei nicht allein das, was geschehen ist, sondern das, was nicht geschehen ist. Zum Beispiel musste die CDU/CSU den Plan aufgeben, die Bundeswehr im Inneren des Landes zur Bekämpfung von Kriminalität einzusetzen. Jetzt müssen dringend die Antiterrorgesetze auch auf ihre Tauglichkeit hin überprüft werden. Damit tut sich die Union jedoch schwer.

Ist denn der unvermutet ausbrechende Terror von rechts im Moment mit früheren Formen des Terrorismus vergleichbar?

Nein, auf keinen Fall. Weder mit dem RAF-Terrorismus, noch mit dem sogenannten islamistischen Terrorismus. Die RAF-Terroristen sind damals ja aus der Mitte unserer Gesellschaft herausgewachsen, motiviert durch tatsächliche oder angebliche Missstände. Der RAF-Terrorismus war geprägt von einer – so möchte ich es mal sagen – spezifisch deutschen Rigorosität, verbunden mit einem Schuss von geradezu religiösem Fanatismus und mit massiven Realitätsverlusten. Der islamistische Terror kommt nicht aus der Mitte unserer Gesellschaft. Er hat ganz andere Wurzeln. Diese liegen in den Konflikten des Nahen Osten und in speziellen Machtansprüchen des Islamismus, auch geleitet von religiöser Verblendung. Die RAF zielte auf einzeln ausgesuchte Repräsentanten unserer Gesellschaft. Die islamistischen Terroristen wollen die Bevölkerung insgesamt in Angst und Schrecken versetzen. Die Anschläge in Madrid oder in London zeigen das. Die rechte Terrorzelle wählte unbekannte Opfer, motiviert durch Fremdenfeindlichkeit. Diesen rechtsextremistischen Terrorismus, wie er uns jetzt bekannt geworden ist und der uns ja alle überrascht hat, gab es in dieser Form bisher nicht. Jedenfalls kannten wir ihn nur in Einzerlfällen, wenn auch die Sicherheitsbehörden ihn früher hätten erkennen müssen.

Immerhin gab es schon einen rechtsterroristischen Anschlag in München auf dem Oktoberfest 1980.

Bei diesem Anschlag handelte es sich um einen Einzeltäter. Anders lautende Behauptungen sind bis heute unbewiesen. Allerdings kam der Täter aus dem Umfeld der rechtsextremen Organisation »Wehrsportgruppe Hoffmann«. Wie gesagt, der rechte Terrorismus hat seinen Nährboden in einem braunen Sumpf, unter anderem motiviert durch eine rigorose Fremdenfeindlichkeit. Doch die Breitenwirkung, die damals die RAF hatte, wird bei Weitem bis heute nicht erreicht. Die Demokraten sind sich jetzt in der Abwehr der rechten Gefahr sehr viel einiger als damals in der Abwehr des linken Terrorismus, der zum Parteienstreit instrumentalisiert wurde.

Ich komme noch einmal auf München zurück. Unsere Gesellschaft war damals auf dem rechten Auge blind. Sie hat sich voll auf die Gewalttaten von links konzentriert und hatte ausgeblendet, dass in der gleichen Zeit nicht eben wenige Gewalttaten von rechts geschahen, wie die Statistik belegt. Eine nicht geringe Anzahl von Menschen waren Mordopfer rechten Terrors. Die mangelnde Wahrnehmung dieser Taten hat meiner Meinung nach etwas damit zu tun, dass die Bundesrepublik sich damals stark in der Abwehr des Kommunismus definierte. Viele Wahlkämpfe wurden mit diesem Thema geführt. Dazu gehörte auch der Kampf gegen die neue Ostpolitik. Der Untersuchungsausschuss des Deutschen Bundestages zur Aufklärung des Terrors von rechts ist heute weniger von Parteiauseinandersetzungen geprägt als vielmehr vom Wunsch nach Aufklärung. Die Auseinandersetzung mit den rechten Verfassungsfeinden muss ein ständiger Prozess und nicht nur eine Reaktion auf einzelne Gewalttaten sein.

Wie erklärt sich jemand, der – wie Sie – als Minister für das Bundesamt für Verfassungsschutz, für das Bundeskriminalamt und für den Bundesgrenzschutz zuständig war, ein derartiges Versagen der Sicherheitsbehörden, die eine solche Mordserie über zehn Jahre hinweg nicht erkannt haben?

Ich bin zunächst immer etwas vorsichtiger als manche journalistischen Beobachter. Meine Erfahrung ist, dass hinterher alles anders aussieht, wenn sich die Puzzleteile zusammensetzen lassen. Dennoch, Tatsache ist: Man war hier auf dem vollkommen falschen, auf einem für die Ermordeten und für ihre Familien diskriminierenden Trip. Inzwischen ist klar: Hier wurden erhebliche Fehler gemacht. Die Behörden hätten mehr wissen können, wenn sie wirklich gewollt hätten. Das ist ein richtiger Skandal.

Taten, alle mit einer Waffe begangen – lässt das nicht aufhorchen? Mussten die Ermittler nicht den Zusammenhang erkennen?

Die entsprechenden Informationen sind ja nicht zusammengeführt worden. Man hatte die Personen im Blick – lange Jahre. Man hätte einzelne Taten also verhindern können. Dieses Versagen möchte ich allerdings nicht zum Anlass nehmen – das sage ich als früherer Innenminister ganz bewusst –, um die Sicherheitsbehörden insgesamt zu diskreditieren.

Brauchen wir überhaupt einen Verfassungsschutz? Was muss geschehen?

Wir können auf einen Inlandsgeheimdienst nicht verzichten. Woher bekämen wir sonst die Informationen über alle Formen des politischen Extremismus, über die Bedrohung durch Terrorismus – heute vor allem auch islamistischen Terrorismus. Auch zur Spionageabwehr und zum Geheim- und Sabotageschutz ist er unverzichtbar. Ich plädiere auch dafür, die föderale Struktur beizubehalten, schon um der besseren, weil ortsnahen Kontrolle willen. Bund und Länder sollten sich aber ernsthaft – am besten beraten durch unabhängige Sachverständige – auf Reformen zur Organisations- und Personalstruktur, interne und externe Kontrolle und verbesserten Informationsausstausch verständigen. Die Behörde stand oft im Zwielicht. Das Wichtigste ist jetzt der Aufbau von Vertrauen.

Sie haben in mehreren Reden die seit Jahren laufenden Studien »Deutsche Zustände«, herausgegeben von Wilhelm Heitmeyer, Professor an der Uni Bielefeld, erwähnt. Dort ist festgestellt worden, dass eine relativ hohe Anzahl von Menschen in Deutschland anfällig für rechtes Gedankengut ist.

Das sind wichtige Untersuchungen über die Befindlichkeit unserer Gesellschaft. Es gibt auch noch andere Untersuchungen, die zeigen, dass es ein relativ hohes antisemitisches Potenzial gibt.

Wie erklären Sie sich das?

Wahrscheinlich sind es uralte Ängste, die in jeder Gesellschaft stecken – Überfremdungsängste. Die Zahl der Deutschen nimmt ab, die Gesellschaft verändert sich merklich durch Zuwanderung. Wir werden eine andere Gesellschaft. Es gibt viele Menschen, die diese Tatsachen nicht aktiv aufnehmen, sie nicht bejahen, sie nicht zu gestalten wissen und vor allem nicht als Chance sehen. Wir müssen uns bewusst sein: Es wächst eine neue Gesellschaft heran mit mehr Immigranten, ohne die auch unser Wirtschaftssystem nicht mehr funktionsfähig sein wird. Wir sind eine Einwanderungsgesellschaft – das ist lange verdrängt worden. Ich hatte in einer Kabinettssitzung seinerzeit Bundeskanzler Schmidt entgegengehalten: Wir sind ein Einwanderungsland. Er widersprach mir.

Fremdenfeindliche Tendenzen schlagen sich auch in dem Zuspruch zu den Thesen von Thilo Sarrazin nieder. Er diskreditiert die muslimischen Immigranten genetisch als Verlierer und Versager, mit der Folge einer Qualitätsminderung für unsere Gesellschaft. Er betreibt die Herabwürdigung, die Diffamierung einer ganzen Bevölkerungsgruppe. Dazu hat er hat wissenschaftliche Erkenntnisse für seine Thesen zurechtgebogen. Erschreckend ist, dass er dieses große Echo gefunden hat. Kritiker, die mit guten Argumenten gegen ihn aufgetreten sind, wurden zum Beispiel im Literaturhaus in München, von Menschen aus dem bürgerlichen Milieu niedergebrüllt. Sehr beschäftigen muss uns in diesem Zusammenhang die Feststellung in der Heitmeyer-Studie: »Es gibt eine gruppenbezogene Menschenfeindlichkeit – gerade aus der Mitte der Gesellschaft, nicht nur von den Rändern.«

Ist es auch ein Versagen der politischen Klasse, dass wir so eine große Gruppe ausländerfeindlicher Menschen in Deutschland haben?

Dass Sarrazin einen solchen Erfolg hat, kann nicht damit begründet werden, dass dieses Thema lange bei uns tabuisiert worden wäre. Es war längst ein Thema, wie wir mit Immigranten umgehen, was wir von ihnen erwarten und was wir selbst zur Integration beitragen müssen. Aber das ist nicht tiefer in das Bewusstsein der Bevölkerung gedrungen.

Die Politiker haben es bisher nicht geschafft, aktiv für die neue Gesellschaft zu werben, die bei uns entsteht. Hierin liegt sicher eine Mitverantwortung. Und so entstand der falsche Eindruck eines Tabu-Bruches, den Sarrazin angeblich begangen hat.

Haben wir nicht aufgrund unserer Vergangenheit besonderen Anlass, Minderheiten zu schützen?

Natürlich ist es aufgrund unserer besonderen Geschichte unsere Verantwortung, mit Minderheiten tolerant umzugehen und sie zu schützen. Das ist verdrängt, das ist sicher teilweise vergessen worden. Wir haben die Juden ausgegrenzt bis zur Vernichtung. Das hat es in Frankreich nicht gegeben und nicht in anderen europäischen Ländern. Aber wir haben bisher keine Partei, die diesen Fremdenhass so instrumentalisiert und so erfolgreich ist, wie etwa Le Pen in Frankreich mit seinem *Front National*. In den Niederlanden hat die Rechte zeitweise sogar mitregiert. Doch es gibt auch bei uns immer wieder Anfechtungen, auf diesen Zug aufzuspringen. Denken wir nur an den von Fremdenfeindlichkeit geprägten CDU-Wahlkampf in Hessen. Auch in der Europadebatte stecken jetzt plötzlich wieder nationalstaatliche Töne, die mir nicht gefallen.

Sie sind Anfang der 1950er-Jahre gegen die alten braunen Netzwerke in der NRW-FDP aktiv geworden. Jetzt, viele Jahrzehnte später, ist dieses Gedankengut immer noch Thema in unserer Gesellschaft. Warum kriegt man es nicht aus den Köpfen?

Ein schwieriges Feld. Nehmen wir mal die NPD, die ja heute für dieses Gedankengut steht und das rechtsextreme Feld abdeckt. Immerhin eine Partei, die auch in Parlamente gewählt wird und Wahlkampfunterstützung bekommt. Eigentlich unfassbar für eine liberale Demokratie. Doch aus meiner Sicht wäre es eine Kurzschlussentscheidung zu hoffen, durch ein Parteienverbot könne man dem Phänomen des Rechtsextremismus entscheidend zu Leibe rücken. Besonders gefährlich sind die rechtsextremistischen Milieus, die in einigen Teilen unseres Landes in die Gesellschaft eingedrungen sind – beispielsweise in der Sächsischen Schweiz oder in Teilen von Pommern und Brandenburg. Ganze Ortschaften sind durch Rechtsextremisten geprägt. Die Demokraten sind in der Defensive, es wird systematisch Angst verbreitet. In solchen ländlichen Regionen haben Menschen sogar Angst, sich zur Demokratie zu bekennen. Das ist nicht nur schlimm, es ist unerträglich. Wir sind als Demokraten aufgefordert, mehr zu tun. Wir dürfen orientierungslose Menschen nicht der NPD überlassen. Das habe ich kürzlich in meiner Heimatstadt Dresden, die ja immer wieder von rechtsradikalen Demonstranten heimgesucht wird, unter Beifall in einer »Dresdner Rede« zum Ausdruck gebracht. Wir müssen uns mehr um die »Verlierer« in unserer Gesellschaft kümmern. Es kann nicht sein, dass die NPD diese Aufgabe übernimmt.

Aber welcher Weg führt aus den Armen der Rechtsradikalen?

Als Rechtsextremist und als Ausländerfeind wird man ja nicht geboren. Darin liegt die Chance einer offenen, liberalen Gesellschaft. Ich möchte ein Beispiel nennen: Ich erhalte in diesem Jahr den Preis der Arnold Freymuth-Gesellschaft, die sich in besonderer Weise gegen Fremdenfeindlichkeit engagiert. Neben mir ist einer der besten Kenner der rechtsextremistischen Szene der früheren DDR Preisträger, der Kriminalist Bernd Wagner. Er hat vor einigen Jahren sein erfolgreiches Nazi-Aussteigerprogramm Exit ins Leben gerufen. Das ist ein richtiger Weg.

17 Burkhard Hirsch und Gerhart Baum, 2005
18 Burkhard Hirsch, Sabine Leutheusser-Schnarrenberger und Gerhart Baum, 2007

19 Gerhart Baum im Gespräch mit Kofi Annan, New York, 2002
20 75. Geburtstag von Gerhart Baum mit Hans-Dietrich Genscher

21 75. Geburtstag von Gerhart Baum mit Ehepaar Kinkel und Ehefrau Renate

22 75. Geburtstag von Gerhart Baum mit Guido Westerwelle
23 75. Geburtstag von Gerhart Baum mit Guenter Verheugen

24 Verleihung des Theodor-Heuss-Preises, 2008
25 Während der Preisverleihung neben Alt-Bundespräsident Richard von Weizsäcker

26 Hans-Dietrich Genscher, Gerhart Baum und Prof. Dr. Julius Reiter, 2009
27 Gerhart Baum und Kollegen der Kanzlei, 2010

28 Michail Gorbatschow, Hans-Dietrich Genscher und Gerhart Baum, 2010

29 Christian Lindner und Gerhart Baum, 2012

30 Gerhart Baum mit Ehefrau Renate Liesmann-Baum, 2008

»IN JEDEM VON UNS STECKT KREATIVES POTENZIAL, DAS GEFÖRDERT WERDEN MUSS«

LEBENDIGE KULTUR ALS GESELLSCHAFTLICHE AUFGABE

Sie haben des Öfteren über den Stellenwert der Kultur in unserer Gesellschaft gesprochen und vertreten die Meinung, dass die Kultur notwendig ist für die Zukunftsfähigkeit unserer Gesellschaft.

Ich möchte zunächst einmal sagen, was Kultur für mich persönlich bedeutet, für mein eigenes Leben. Sie war und ist unverzichtbar in allen ihren Bereichen. Von der Literatur über die bildende Kunst, die Musik bis zu Theater und Film. Ich bin ein ungemein kulturinteressierter Mensch und könnte mir ein Leben ohne Kultur überhaupt nicht vorstellen. Die Kultur hat mich bereichert, hat mich beglückt, manchmal auch abgestoßen und verstört. Kulturinteressiert zu sein, heißt für mich, neugierig zu sein, auch neugierig auf das, was Zeitgenossen schaffen. Nicht nur in der etablierten Kultur verharren – obwohl die Aufführung einer Bach-Passion mich immer wieder tief berührt –, sondern auch das wahrzunehmen, was neu entsteht und im ersten Moment vielleicht fremd erscheint. Das gilt ganz besonders für die zeitgenössische Musik, der ich mich in den letzten Jahrzehnten geöffnet habe und die mein Leben nun ungemein bereichert. So bin ich zum Beispiel seit vielen Jahren regelmäßig Gast der Donaueschinger Musiktage. Ich besuche Konzerte in vielen Städten, vor allem aber in Köln und Berlin. Ich kann nur schwer begreifen, dass Menschen, die sonst offen sind für alles, was die Gesellschaft aktuell bewegt, sich nicht die Mühe machen, sich auch neuen Klangformen zu öffnen. Es ist offensichtlich einfacher, durch eine Ausstellung moderner Kunst zu schlendern, als im Konzertsaal auszuharren.

Wie sehr hat Ihre Frau Renate Liesmann-Baum als Musikfachfrau Ihr Interesse an Musik geschärft?

Mein Interesse an Musik, auch an der zeitgenössischen, war ja immer vorhanden, wenn auch berufsbedingt zeitweise vernachlässigt. Bereits Anfang der 1950er-Jahre besuchte ich im Kölner Funkhaus regelmäßig die Konzerte der legendären Reihe »Musik der Zeit«. Aber zu Ihrer Frage: Ja, meine Frau Renate hat in den letzten 20 Jahren wesentlich zum Verständnis vor allem der neuen Musik beigetragen; sie hat mir zu »happy new ears« verholfen und mir Musik nahegebracht, die ich bis dahin gar nicht kannte. Durch sie lernte ich auch eine ganze Reihe von Komponisten und Interpreten persönlich kennen. Einige sind mittlerweile gute Freunde geworden – wie die Komponisten Helmut Lachenmann, Wolfgang Rihm, Johannes Kalitzke und Manos Tsangaris oder die Pianistin Pi-hsien Chen und der Pianist Andreas Staier.

Eine moderne demokratische Gesellschaft ist für mich ohne Kultur nicht vorstellbar. Aber Kultur kann nur gedeihen, wenn die Gesellschaft sie akzeptiert, respektiert und fördert. Kultur ist und war immer ein Interesse von Minderheiten. Trotz aller Vermittlungsprogramme, die es heute gibt, kann man grundsätzlich daran nichts ändern. Aber Kultur muss durch die Mehrheit geschützt werden. In Parlamenten beispielsweise interessieren sich wenige Abgeordnete für Kultur, aber es gibt doch immerhin eine Mehrheit, die Kulturförderung akzeptiert. Unsere Gesellschaft wird heute durch ökonomisches Effizienzdenken bestimmt. Umso wichtiger ist es, den Mensch auch als kulturelles Wesen zu begreifen und das kreative Potenzial jedes Einzelnen sich entwickeln zu lassen. »Jeder Mensch ist ein Künstler«, hat Joseph Beuys gesagt und hat genau dieses ausdrücken wollen: In jedem Menschen steckt ein kreatives Potenzial, das im Interesse der Zukunft unserer Gesellschaft entwickelt werden muss. »... was uns unter dem ungeheuren Begriff Kunst als Nachricht von Geist und kreativer Freiheit anvertraut ist ...« – so hat mein Freund, der Komponist Helmut Lachenmann, den Stellenwert von Kunst wunderbar beschrieben. Und deshalb ist kulturelle Bildung so wichtig. Je früher wir den Menschen einen Weg zur Kultur bereiten, desto besser.

Muss das bereits im Kindergarten ansetzen? Kleinstkinder an Musik, an Theaterspiel, an kreative Spiele heranzuführen?

Es gibt heute viele Kulturvermittlungsprogramme, die ich sehr begrüße. In der Musik etwa die Früherziehungsprogramme in den Musikschulen. Ich nenne beispielhaft auch das »JEKI-Projekt« in einigen Regionen von Nordrhein-Westfalen: »Jedem Kind ein Instrument«, das allen Kindern in Grundschulen offen steht. Die Idee ist, dass jedes Kind sich einmal im Leben mit einem Musikinstrument vertraut machen muss – ganz gleich, was es später daraus macht. Gezieltes Heranführen von Kindern und Jugendlichen an die Kultur ist inzwischen Standardaufgabe fast aller Theater, Opernhäuser und Orchester in Deutschland. Dazu kommen Spezialprogramme etwa der Bundeskulturstiftung und anderer Stiftungen. All diese Maßnahmen sind ganz wichtig. Leider aber muss man feststellen, dass in unseren Schulen die Vermittlung von Kultur im Stundenplan eher abgebaut wurde. Das kann doch bestimmt nicht nur am Lehrermangel liegen. Dabei ist die kulturelle Bildung – ich betone es noch einmal – für die Zukunftsfähigkeit unserer Gesellschaft unverzichtbar.

Zur kulturellen Bildung gehört in einem Einwanderungsland wie Deutschland natürlich auch der Blick auf die Kulturen aus aller Welt, die von Migranten in unser Land getragen werden und unser europäisch geprägtes Kulturverständnis bereichern. Im gegenseitigen Informationsaustausch und in kulturellen Gemeinschaftsprojekten liegt eine große Chance für ein gedeihliches Zusammenleben.

Gerade jetzt in einer Zeit finanzieller Knappheit darf man eine breite Kulturförderung nicht aus dem Blick verlieren. Kultur ist kein Luxus für Schönwetterzeiten. Kulturförderung ist auch nicht eine x-beliebige Subvention, wie etwa für Agrarprodukte, sondern Kultur ist überlebensnotwendig für jede Gesellschaft.

Die reiche Ausstattung der Kultur ist geradezu ein Alleinstellungsmerkmal für unser Land. Es gibt Theater, Opernhäuser, Orchester, Museen – mehr als in jedem anderen Land weltweit. Allerdings ist Sparen wieder einmal das große Thema. Viele möchten auch den Kulturkuchen knacken. Von allem zu viel und immer das Gleiche – das behaupten Kritiker, wie das Autorenteam des zurzeit heiß diskutierten Buches »Der Kulturinfarkt«.

In dieser Kritik steckt eine große Portion Ignoranz, ja, auch Kulturverachtung. Ich respektiere jede künstlerische Leistung und freue mich über jede Aufführung, jeden Film, jedes Buch, das bestimmten Qualitätsmaßstäben gerecht wird. Man kann hier nicht nach der Art von Unternehmensberatungsgesellschaften sagen: Das ist überflüssig und das andere behalten wir. Diese ganze Diskussion ärgert mich zutiefst. Wir führen sie seit vielen Jahren, und immer wieder wird die Frage gestellt: Haben wir denn nicht zu viel? Ja, was soll denn weg? Welcher Künstler ist überflüssig? Welches Theater soll geschlossen werden? Warum sind wir nicht stolz auf den seit vielen Jahrhunderten gewachsenen Reichtum an Kultureinrichtungen? Zum Beispiel Nordrhein-Westfalen: über 20 Orchester, eine Vielzahl von Bühnen und Museen, dazu Hunderte von freien Initiativen in allen künstlerischen Bereichen – eine dichte, reiche Kulturlandschaft wie es sie in der ganzen Welt nicht noch einmal gibt, in der sich aber die ganze Welt trifft. Also keineswegs »zu viel« und keineswegs »immer das Gleiche«, wie die Kritiker uns suggerieren wollen.

Wir erleben zurzeit eine schleichende Erosion kultureller Substanz in den hoch verschuldeten Städten. Natürlich kann auch die Kultur sich Sparzwängen nicht völlig entziehen. Eine schwierige

Diskussion, aber sie muss geführt werden. Aber bitte mit tiefem Respekt vor allen kulturellen Leistungen. Und eines dürfen wir nicht vergessen: Am Staatshaushalt und auch am Gemeindehaushalt haben die kulturellen Ausgaben einen ganz geringen Anteil. In Köln sind es gerade mal drei bis vier Prozent. Wer glaubt, die Finanzen einer Gemeinde in Ordnung zu bringen, indem man am Opernhaus spart oder an der freien Musikszene, der irrt und ist auf dem Holzweg. Wir müssen den Mut zur Kulturförderung behalten und dürfen uns durch solch abwegige Thesen, wie sie jetzt etwa in dem erwähnten Buch vertreten werden, nicht beirren lassen. Diese und ähnliche Scheinargumente wurden immer schon von denen in den Parlamenten vertreten, die für Kulturförderung kein Verständnis haben.

Kultur ist in Deutschland vor allem Aufgabe der Kommunen und der Länder. Wo lagen und liegen auch heute noch die Zuständigkeiten einer Bundeskultur? Kommt man sich da nicht gegenseitig ins Gehege?

Alles muss sich ergänzen. Die Hauptlast der Kulturförderung liegt grundsätzlich bei den Kommunen, in Nordrhein-Westfalen haben sie beispielsweise einen außergewöhnlich hohen Anteil von etwa 80 Prozent. Die Länder haben eher übergreifende Aufgaben und der Bund auch. Die früheren Schlachten der Länder um die Bewahrung ihrer verfassungsrechtlichen Kulturhoheit sind Geschichte. Heute ist Vernunft eingetreten. Land und Bund stimmen ihre Maßnahmen gegenseitig ab. Der Bund fördert nationale »Leuchttürme« der Kultur – zum Beispiel Bayreuth, aber auch die Tage für Neue Musik in Donaueschingen, weil es das wichtigste Uraufführungsfestival in Deutschland ist.

Relativ neu ist die Kulturstiftung des Bundes, die in den zehn Jahren ihres Bestehens viele wichtige Projekte auf den Weg gebracht hat und damit bundesweit Zeichen setzt. Zögernd hat der Bund das Politikfeld Kultur entdeckt. In den 1970er-Jahren haben wir erste wichtige Schritte zur gesamtstaatlichen Verantwortung für die

Kultur unternommen. Wir, das waren die Innenminister, die ja auch Kulturminister waren, und vor allem der Deutsche Bundestag. Wir wollten sichtbar machen, dass der Bund nicht nur originäre Zuständigkeiten für die Kultur hat, wie Sozialversicherungsrecht, Urheberrecht, Steuerrecht, Europarecht, sondern dass er auch eine Führungsrolle im kulturpolitischen Diskurs übernehmen muss. Es gab zum ersten Mal kulturpolitische Grundsatzdebatten im Bundestag. In meiner Partei war ich verantwortlich für ein Kulturprogramm, das auch auf zwei Parteitagen beraten wurde. Das kulturpolitische Bewusstsein konnte auf diese Weise verstärkt werden.

Könnten wir nicht die gesamte Kulturfinanzierung potenziellen Sponsoren schmackhaft machen?

Das wird uns immer wieder suggeriert. Gern wird dabei auf die Situation beispielsweise in den USA hingewiesen, man verkennt aber die Tatsachen. Zum einen gibt es in den USA ein sehr sponsorenfreundliches Steuerrecht. Das heißt, der Staat verzichtet auf Steuern, was eine indirekte staatliche Subvention ist. Diese bleibt in der Summe aber weit hinter dem Aufkommen unserer Kulturförderung zurück.

Zum andern ist das amerikanische Kulturleben, das weitgehend auf Sponsorenleistungen angewiesen und somit auch dem inhaltlichen Einfluss der Geldgeber ausgeliefert ist, in seiner Fülle und Qualität nicht annähernd mit dem unsrigen zu vergleichen. Wir vertrauen die Verwaltung der öffentlichen Kulturmittel Fachleuten an und erreichen damit ein Niveau, um das uns andere Länder beneiden. Insbesondere in den neuen experimentellen Künsten, die nicht unbedingt ein großes Publikum anziehen und schon gar nicht Sponsoren, hat Deutschland infolge seines staatlichen Fördersystems häufig die Nase vorn. Fördern, was es schwer hat – das ist unsere Haltung. Viele heute weltberühmte amerikanische Künstler sind nach Deutschland gekommen, um sich hier zu entfalten – beispielsweise John Cage, dessen Werke anlässlich seines 100. Geburtstages in diesem Jahr in allen großen Städten in Deutschland aufgeführt werden.

Sie haben es bereits erwähnt, in der Zeit, in der Sie Regierungsverantwortung hatten, gehörte die Kultur noch zum Aufgabenbereich des Innenministeriums. Erst während der Kanzlerschaft von Gerhard Schröder wurde mit dem Staatsminister für Kultur ein eigenes Ressort geschaffen. Warum hat Schröder das gemacht? Meinte er, der Innenminister brauche Entlastung seines breit gestreuten Arbeitsfeldes?

Ich war als Innenminister sehr gerne auch Kulturminister. Für mich war die Kultur ein wichtiges Aufgabenfeld, dem ich mich intensiv gewidmet habe, übrigens mit sehr fähigen und kreativen Ministerialbeamten. Sie halfen mir, in den komplizierten Strukturen des Bundeshaushalts die Kulturförderung auszubauen. Wir konnten eine Menge bewegen – meine Vorgänger Hans-Dietrich Genscher und Werner Maihofer genauso wie ich. Ich nenne als Beispiele den Ausbau der Stiftung Preußischer Kulturbesitz, die Gründung der Künstlersozialversicherungskasse, die Gründung der Fonds, die aus den Mitteln der gescheiterten Nationalstiftung ins Leben gerufen wurden. Auch haben wir damals den Deutschen Kulturrat des Bundes initiiert, einen Zusammenschluss der Kulturverbände des Landes zu einem Dachverband. Auf diese Weise bekamen wir nun für die Kulturbelange in Deutschland einen Partner, der vergleichbar ist mit dem Deutschen Sportbund für den Sport. Es wäre noch vieles zu nennen, unter anderem die Bundeskunsthalle in Bonn. Ganz wichtig waren die ersten Untersuchungen zur Lage der Künstler und Künstlerinnen in unserem Land.

Alles in allem: Das Kulturbewusstsein konnte gestärkt werden, auch in der Politik. Dass die Kultur später zu einem eigenen Ressort im Bundeskanzleramt wurde, mit einer Person an der Spitze, die ausschließlich politische Verantwortung für den Bereich Kultur hat, war eine konsequente Fortentwicklung. Die Kultur hat heute dadurch auch auf Bundesebene ein »Gesicht«. Alle Kulturminister, die wir bisher hatten, haben positive Spuren hinterlassen, sodass ich diese organisatorische Veränderung durchaus als förderlich für die Kultur einschätze.

Ein wichtiger und teurer Punkt war stets die Filmförderung. An die 100 Millionen Euro Bundesmittel gehen heute in den Bereich Film.

Filmförderung gibt es seit Langem und ist in der Tat ein sehr wichtiger Schwerpunkt. Man muss hier unterscheiden zwischen kultureller und wirtschaftlicher Filmförderung. Damals lag die Verantwortung für die kulturelle Förderung des Films im Innenministerium. Sie hat dazu beigetragen, dass insbesondere in den 1960er- und 1970er-Jahren eine bemerkenswerte Entwicklung des neuen deutschen Films stattfand. Ich nenne nur Namen wie Fassbinder, Schlöndorff, Kluge und viele andere. Ich habe als Minister diese neue Filmszene sehr gepflegt, aber auch versucht, das Spannungsverhältnis zum »alten«, rein kommerziellen Film auszugleichen, was schließlich auch gelang – die Autorenfilmer haben sich mit den Altfilmern verständigt.

Mir war immer wichtig, auf den Sachverstand von Fachleuten zu setzen, und ich habe den Menschen vertraut, die sich in der Szene auskannten. Dazu ein Beispiel: Kurz bevor ich 1982 mein Amt als Bundesinnenminister aufgeben musste, hatte ich die Entscheidung einer Jury gebilligt, die dem Film »Das Gespenst« von Herbert Achternbusch einen Bundesfilmpreis zugesprochen hatte. Ein sehr provozierender, von manchen damals als antireligiös verstandener Film. Mein Nachfolger Friedrich Zimmermann wollte diese Entscheidung rückgängig machen, unterlag dann aber den Verwaltungsgerichten.

Heute haben wir eine Filmförderung, die sich sehen lassen kann. Zu den Mitteln des Bundes kommen noch erhebliche Landesmittel hinzu. Die Qualität der Produkte wird allerdings sehr unterschiedlich bewertet – auch in der Fachwelt, wie man zum Beispiel bei der Jurierung des Deutschen Filmpreises immer wieder erleben kann.

Wie sehen Sie heute den deutschen Film international?

Er hat sich enorm entwickelt und hält international inzwischen immer mehr mit. Zwar wird er nie so stark werden wie der amerikanische Film – aus verschiedenen Gründen – aber ich kenne viele sehr gute deutsche Filme, die in den letzten Jahren produziert wurden. Die Marktmacht der Hollywoodfilme ist nicht zu brechen, doch der deutsche Film kann in seiner Attraktivität und kulturellen Substanz immer deutlicher mithalten.

Nach Ihrer aktiven Politikerzeit haben Sie sich verstärkt für Kultur eingesetzt, vergleichbar mit Ihrem Engagement im Menschenrechtsbereich.

Ich möchte noch einmal betonen, dass ich immer auch engagierter Kulturpolitiker war. Was heute kaum noch jemand weiß: Ich war bis 1972 im Rat der Stadt Köln und dort auch Sprecher meiner Partei für die Kultur. Ich war für die Kultur im Bundesinnenministerium schon als Parlamentarischer Staatssekretär zuständig und war später im Kulturausschuss des Deutschen Bundestages. Und ich bin heute außerhalb der Parlamente in vielen ehrenamtlichen Ämtern aktiv, um den Kulturschaffenden bei der Wahrnehmung ihrer Interessen zu helfen. So bin ich sehr gerne Vorsitzender des Kulturrats in Nordrhein-Westfalen, in dem sich mehr als 80 Verbände aller Kultursparten zusammengeschlossen haben. Aber ich bin beispielsweise in Köln auch Vorsitzender eines kleinen Vereins zur Förderung einer privaten bildenden Kunst-Initiative und in ähnlicher Funktion in Stuttgart für eine neue Musik-Initiative, und so weiter. Das heißt, ich habe immer Kulturpolitik gemacht und versucht, Strukturen zu fördern, in denen Kunst und Kultur gedeihen kann. Das war und ist mir bis heute ein wichtiges Anliegen.

Ein wichtiger Punkt ist für Sie immer wieder auch der Kulturauftrag des öffentlich-rechtlichen Rundfunks.

Der öffentlich-rechtliche Rundfunk hat eine ganz wichtige Funktion im Bereich der Kulturförderung und Kulturvermittlung. Sein Kulturauftrag ist verfassungsrechtlich verankert. Und dem muss er gerecht werden – anders als bei den privaten Sendern. Das Verfassungsgericht hat wiederholt ausgesprochen, dass dies auch bedeutet, hochwertige künstlerische Produktionen zu fördern, die kein großes Publikum finden und mitunter viel Geld kosten. Er ist also verpflichtet, ein Minderheitenprogramm zu finanzieren. Im Bereich der Musik bedeutet das auch die Unterhaltung und Pflege der Radio-Sinfonieorchester und Chöre, die Vergabe von Kompositionsaufträgen und deren Realisierung und so weiter.

Dieser Kulturauftrag gerät vor allem durch das unangemessene vom Fernsehen herübergespülte Quotendenken immer mehr in Gefahr. Ich habe in den letzten Jahren bei so manchen Initiativen gegen den Abbau des Kulturradios mitgewirkt. Einige waren erfolgreich, wie zum Beispiel eine Initiative gegen die Austrocknung der Donaueschinger Musiktage, die vom SWR veranstaltet werden. Ich habe vor einigen Jahren auch der Initiative »Das GANZE Werk« angehört. Hier haben wir uns gegen die Häppchenmusik in den Kultursendern gewehrt, wenn also immer nur Ausschnitte oder einzelne Sätze aus ganzen Werken zu Gehör gebracht wurden, weil das vollständige Werk dem »neuen« Hörer nicht zuzumuten sei. Ich habe mich immer wieder eingemischt. Aktuell mische ich mich ein gegen die geplante Fusion zweier sehr verdienter, aber auch künstlerisch sehr unterschiedlich ausgerichteter Orchester des Südwest Rundfunks – das eine in Baden-Baden, das andere in Stuttgart. Ich mische mich auch ein gegen Reformbestrebungen, die einen Kulturabbau im Hörfunkprogramm des Westdeutschen Rundfunks bedeuten, und dies nicht zum ersten Mal. Fazit: Der öffentlich-rechtliche Rundfunk ist ein ganz wichtiges Element zur Förderung und Entwicklung der Kultur in Deutschland. Eine Musikkultur, wie wir sie heute haben, wäre ohne den öffentlich-rechtlichen Rundfunk nicht vorstellbar. Die Rundfunkgebühr ist nicht nur ein reines Finanzierungselement, sie dient auch der Qualitätssicherung. Oder zahlen wir inzwischen Gebühren für unsere intellektuelle Unterforderung? Die Verteidiger des öffentlich-rechtlichen Systems sehen mit Bestürzung, wie seine Existenz durch Vernachlässigung des Kulturauftrags aufs Spiel gesetzt wird.

Es vergeht keine Woche, in der Sie nicht mehrmals an kulturellen Ereignissen teilnehmen. Aber gibt es dennoch, wenn man bildende Kunst, wenn man Konzerte, wenn man Theater, wenn man Oper nimmt, etwas, wo Sie sagen, das ist mir doch das Liebste von allen oder hat alles einen ähnlich gleichen Stellenwert?

Unterschiedlich. Häufig ist es das Theater. Ich schaue mir viele neue Inszenierungen an, in der Oper und im Schauspiel. Die zeitgenössische Musik spielt für mich eine große Rolle, die Literatur natürlich auch. Dabei ist die bildende Kunst etwas vernachlässigt worden. Aber im Grunde bin ich auf allen Feldern unterwegs.

Verändert das oder beeinflusst diese kulturelle Teilhabe auch Ihr politisches Bewusstsein? Gibt sie Ihnen Anstöße? Denken Sie anders nach? Verändern Sie den Blick auf bestimmte Dinge?

Ich habe die Erfahrungen gemacht, dass Künstler eine besondere Sensibilität haben für Entwicklungen in der Gesellschaft. Gerade was die Zukunft betrifft. Sie öffnen einem die Augen für Dinge, die man mit rationalem Verstand nicht so ohne Weiteres sieht. Sie sind Seismografen gesellschaftlicher Entwicklungen, die auch für mein Leben unverzichtbar sind.

Bereuen Sie, dass Sie sich vielleicht selbst nicht aktiv durch Musik oder künstlerisch ausgedrückt haben?

Ich habe mir immer gewünscht, Klavier spielen zu können. Bis heute kann ich keine Noten lesen, das hat mir niemand beigebracht. Alles geschuldet meiner Kindheit und Jugend in Kriegs- bzw. Nachkriegszeiten. Später habe ich es noch mit der Blockflöte versucht. Aber ich war nie talentiert für aktives Musizieren. Umso mehr freue ich mich, wenn meine Frau auf ihrer wunderbaren Bratsche spielt. Leider tut sie das viel zu selten.

»ICH WOLLTE DIE PARTEI DEN ANDEREN NICHT ÜBERLASSEN UND HABE GEKÄMPFT – SO GUT ES GING«

DIE BILANZ EINES POLITISCHEN LEBENS

Herr Baum, wenn man eine Bilanz eines so bewegten Lebens zieht, wie Sie es über Jahrzehnte geführt haben, stellt sich die Frage, was Sie am meisten bewegt und angetrieben hat.

Angetrieben hat mich der Wille, am Aufbau der Bundesrepublik, genauer gesagt, am Aufbau einer freiheitlichen Gesellschaft mitzuwirken. Angetrieben hat mich auch, die Schatten der eher autoritären Adenauer-Zeit zu vertreiben, einer Gesellschaft, in der alte Nazis noch starken Einfluss hatten. Angetrieben hat mich der Wille, die FDP aus der einseitigen Koalitionsbindung mit der CDU/CSU zu befreien, das heißt, neue politische Perspektiven zu öffnen. Angetrieben hat mich der Wille, auf diesem Wege eine neue Ost- und Deutschlandpolitik mit herbeizuführen. Angetrieben hat mich die Einsicht, dass nur durch Absage an jegliche Form von Revanchismus ein neues Europa gebaut werden könnte – das heißt, durch Anerkennung der bestehenden Grenzen und hier vor allem der Oder-Neiße-Grenze zu Polen. Angetrieben hat mich der Anspruch, diese Gesellschaft vor dem Hintergrund der 68er-Bewegung in allen Lebensbereichen zu reformieren, und die Überzeugung, dass eine liberale Partei dafür unverzichtbar ist. Angetrieben hat mich vor allem die Leidenschaft, für den sozialen Liberalismus des Freiburger Programmes zu kämpfen – bis heute. Angetrieben haben mich die Gestaltungsmöglichkeiten in den von mir wahrgenommenen Ämtern. Angetrieben hat mich der Wille, denen ein Verbündeter zu sein, die Opfer von Menschenrechtsverletzungen sind. Angetrieben hat mich der Wunsch, denen zu helfen, die es schwer haben, ihre Rechte gegenüber Stärkeren in unserer Gesellschaft geltend zu machen. Angetrieben hat mich die Lust an politischen Auseinandersetzungen und an der Kommunikation, die Lust am Ringen um Ergebnisse. Angetrieben, mich einzumischen, fühle ich mich auch heute noch, obwohl ich ja seit vielen Jahren kein politisches Amt mehr habe. Bisweilen ist der Antrieb allerdings auch Wut, die Wut darüber, dass meine Partei, die FDP, in den letzten Jahrzehnten ihren liberalen Auftrag nicht mehr konsequent wahrgenommen hat. Also, ich führe nicht ein kontemplatives, sondern ein aktives Leben, geprägt von Freiheitsliebe und Verantwortungsbewusstsein. Bis heute.

Sie haben ja immer – so haben wir das im ersten Kapitel gehört – Widerstände, ja, unglaubliche Widerstände überwinden müssen. War dieser Kampf auch ein Ansporn?

Widerstände waren immer eine Herausforderung. Ich hatte keine Scheu, Minderheitspositionen zu vertreten und mitunter zu unterliegen. Die liberale Partei, meine Partei, ist immer eine Minderheit in dieser Gesellschaft gewesen. Meine Freunde und ich waren in dieser Minderheit wiederum eine Minderheit – oft allerdings Vertreter eines starken, gestaltungsfähigen Teils der Partei. Widerstand zu überwinden, war für mich immer ein Antriebselement – das stimmt. Meine Handlungsweise ist grundsätzlich spontan, nur auf das Ziel gerichtet, ohne die Widerstände zu beachten. Im Zuge der oft heftigen Diskurse, die ich dadurch ausgelöst habe, gelang es aber nicht selten, eine befriedigende Lösung herauszuarbeiten. Die Utopie des Optimalen – und ich bin der Meinung, dass Politik unbedingt Utopien braucht – war oft unerfüllbar. Ich habe mich stets von der Sicht Karl Poppers leiten lassen: Das Ziel ist ein auf Kompromiss beruhendes Fertigwerden mit dem Leben; die Neigung der Deutschen zu romantisch-irrationalen Positionen war mir immer fremd.

Worin sehen Sie eigentlich Ihre Beiträge als Politiker und Jurist für die politische und gesellschaftliche Entwicklung dieses Landes?

Ich wollte das Grundgesetz leben, das vom sittlichen Prinzip der Menschenwürde geprägt ist – zum ersten Mal in der deutschen Verfassungsgeschichte. Ich wollte auf allen Feldern, die zu beackern waren, meinen Beitrag leisten – nicht nur in der Innen- und Rechtspolitik, in der Menschenrechtspolitik, sondern auch, was die anderen Aufträge des Grundgesetzes angeht, die noch nicht verwirklicht oder immer wieder gefährdet sind. Zum Beispiel das Sozialstaatsprinzip oder die Gleichberechtigung der Frau. Ich wollte in dieser Gesellschaft gegen die Nachwirkungen der Nazi-Barbarei kämpfen. Man könnte fragen: Warum die FDP? Aber ich sah gerade in der FDP eine Chance, diese Ziele zu verfolgen. Ich hoffe, dass ich kraft der unterschiedlichen Ämter und Positionen zu diesen Zielen einen Beitrag geleistet habe. Heute versuche ich es als Bürger.

Sie wollten nicht nur das Grundgesetz beatmen. Sie waren auch immer wieder ein Verteidiger des Grundgesetzes.

Verteidiger ja, aber man muss das Grundgesetz auch mit Leben erfüllen. Wenn ich zurückblicke, muss ich sagen: Ich war immer durch und durch Politiker. Wenn Sie so wollen, ein *political animal.* Bei fast allem, was ich im Leben getan habe – auch in meinem Anwaltsbereich –, spielte Politik eine Rolle. Etwa, wenn ich noch heute für einen besseren Opfer- und Verbraucherschutz eintrete. Ich habe immer einen politischen Faden verfolgt, bei allem, was ich tat. Angetrieben von dem Wunsch, unabhängig und frei zu sein, herausgefordert zu sein durch neue Entwicklungen. Ich war und bin neugierig auf alles Neue. Die Umweltbewegung damals war wichtig wie es heute die IT-Revolution ist. Was sich an neuen Herausforderungen entwickelt, die Globalisierung zum Beispiel, habe ich mit größter Neugier wahrgenommen und versucht, politische Schlussfolgerungen zu ziehen. Es kam mir darauf an, nicht bei Analysen stehen zu bleiben, sondern zu praktischen Entscheidungen zu kommen.

Gab es für Sie einmal eine Krise, in der Sie an Ihrem Lebensweg zweifelten, Ihren politischen Überzeugungen und Ihrer Gestaltungskraft?

Es gab verschiedene Phasen meines politischen Lebensweges. Eine Vorbereitungsphase u.a. in den liberalen Jugendverbänden, eine kommunalpolitische Phase in Köln. Dann kam 1972 das Bundestagsmandat verbunden mit meiner Aufgabe als Parlamentarischer Staatssekretär im Innenministerium, dann die Ministerzeit und später wieder die Zeit als Bundestagsabgeordneter. Und die dritte Phase ist schließlich heute die – wenn Sie so wollen – des »freischaffenden« Liberalen. Natürlich gab es immer wieder auch Rückschläge. Die stärkste Versuchung zu resignieren, war verbunden mit dem Koalitionswechsel von Schmidt zu Kohl 1982. Diesen hatte ich ja aus Überzeugung nicht mitgemacht, weil er die Glaubwürdigkeit von Politik schwer verletzt hatte. Damals fragte ich mich: Gehst du zu einer anderen Partei, verlässt du die Politik oder machst du weiter? Gegen den politischen Rückzug stand der intensive Wunsch zu kämpfen. Ich wollte die Partei den anderen nicht überlassen und habe gekämpft – so gut es ging, noch eine ganze Reihe von Jahren. Als das Ende meiner politischen Karriere sichtbar wurde, habe ich mich mehr und mehr auf meinen Anwaltsberuf besonnen. Daneben habe ich zahlreiche ehrenamtliche Funktionen übernommen, vor allem in der Menschenrechts- und Kulturpolitik. Die Krise des Mandatsverlustes wurde durch diese neuen, bisweilen sehr motivierenden und auch erfolgreichen Aktivitäten überwunden. Ich kann bis heute viel gestalten und führe nach wie vor ein beruflich erfülltes Leben.

Wie sind Sie mit den politischen Krisen in Ihrem Leben umgegangen?

Ich hatte politische Freunde, ohne die ich solche Krisen überhaupt nicht hätte überwinden können. Ich möchte hier besonders meine alten Weggefährten Hildegard Hamm-Brücher und Burkhard Hirsch nennen. Es gab auch viel freundschaftlichen Zuspruch innerhalb und außerhalb der Partei, in bestimmten Phasen auch durch Rudolf Augstein und Henri Nannen. In so einer Situation stärkt man sich gegenseitig. Man ermutigt sich und man versichert sich der Zustimmung, stellt sich aber auch der Kritik von politischen Freunden. Als Alleinkämpfer, als Einzelgänger erreichen Sie nichts.

Wenn Sie Ihre eigene Rolle für die deutsche Politik bewerten: Auf welche Ihrer Leistungen sind Sie mit Recht stolz?

Stolz ist das falsche Wort, ich würde lieber von Zufriedenheit über Erfolge sprechen. Ich greife einige Dinge heraus.

Die wirklich intensive aktive Mitwirkung zur Veränderung von der eher konservativ geprägten FDP hin zur FDP der sozialliberalen Koalition. Hin zu einer neuen Deutschland- und Ost-Politik, hin zu einem Reformliberalismus, der sich durch Entscheidungen der sozialliberalen Koalition auf vielen Feldern realisieren konnte. Das sehe ich als ganz wichtige Leistungen.

Ich habe mich immer bemüht, Brücken zur jungen Generation aufzubauen. Dies geschah während einer sehr kritischen Phase der Republik, als viele junge Menschen in einer tiefen Vertrauenskrise zu den Parteien und zur älteren Generation ihre Ziele in einer außerparlamentarischen Opposition zu verwirklichen suchten. Brückenbau bedeutete damals – und das war ganz entscheidend – vor allem Abbau des sogenannten Radikalenerlasses von 1972. Der Radikalenerlass hatte dazu geführt, dass der Verfassungsschutz politische Aktivitäten in großer Zahl in seinen Dateien gespeichert hatte, die dann jungen Menschen, wenn sie sich etwa um ein Lehramt bemühten, zum Nachteil gereicht haben. Hier wurden politische Aktivitäten, die damals in den verschiedensten auch durchaus verfassungsfeindlichen Gruppen bisweilen überbordend und überschäumend waren, bürokratisch registriert, auch »Jugendsünden«. Diese lasteten dann auf dem Leben der jungen Leute. Sobald ich im Amt war, wurde im Frühjahr 1979 für Bewerber im öffentlichen Dienst die Regelanfrage beim Verfassungsschutz abgeschafft. Ich wollte den jungen Menschen signalisieren: Der Staat hat Vertrauen zu euch und ihr könnt Vertrauen in das demokratische System setzen. Es ist reformfähig, ihr müsst nur die verfassungsrechtlichen Möglichkeiten nutzen!

Mit diesem Argument habe ich auch Brücken zu der Sympathisantenszene der RAF gebaut. Das Heranführen von Menschen an eine lebendige, veränderungsfähige Demokratie war und ist für mich wichtig. Das heißt aber auch, dass die Menschen bereit sein müssen, Verantwortung zu übernehmen. Ein Schritt dahin wäre beispielsweise die immer noch unpopuläre Mitgliedschaft in einer demokratischen Partei. Ich möchte die Demokratie durch das Vertrauen ihrer Bürger stärken. Und diese nicht mit pauschalem Misstrauen überziehen, wie das heute bei der Bekämpfung des Terrorismus geschieht, Stichwort »Vorratsspeicherung«.

Ich wollte vorleben, dass auch ein Liberaler seinen Grundüberzeugungen nicht untreu werden muss, wenn er »Sicherheitsminister« dieser Republik ist – auch wenn ich diese Überzeugung nicht immer in allerletzter Konsequenz umsetzen konnte. Es mag vielleicht ein wenig eitel klingen, aber ich bin doch etwas stolz auf den Satz von Heinrich Böll nach dem Ausscheiden aus meinem Amt: »Baum ist der beste Innenminister gewesen, den wir je hatten.« Auch wenn diese Aussage nun viele Jahrzehnte zurückliegt.

Ich habe mich mit allen Kräften und großer Freude immer wieder für die Freiheit und Förderung der Kultur eingesetzt. Nach dem Ausscheiden aus der aktiven Politik habe ich andere Möglichkeiten genutzt, um meine Überzeugungen zum Ausdruck zu bringen. Immer wieder habe ich mich eingemischt, und es erfüllt mich mit Befriedigung, dass nicht wenige, gerade auch jüngere Menschen, mich in der Rolle des unabhängigen Liberalen wahrnehmen und oft auch meinen Rat suchen.

Was waren dabei Ihre größten persönlichen Enttäuschungen bzw. für welche Irrtümer müssten Sie sich entschuldigen?

Ich sehe in meinem politischen Leben eigentlich keine großen Brüche. Natürlich habe ich hinzulernen und manche Fehlentscheidung korrigieren müssen. Ich habe Kompromisse gemacht und verteidigt, die besser nicht geschlossen worden wären. Aber so tickt der politische Alltag. Man muss sich vergegenwärtigen, dass in der Demokratie bei dem Prozess der Meinungsbildung zum Beispiel im Parlament immer viele Stimmen mitreden.

Ich habe in der Krise 1982 – auch eine tiefe Krise der FDP – sicherlich eine ganze Reihe meiner politischen Freunde enttäuscht. Sie hätten gewünscht, dass ich mit ihnen die FDP verlasse. Einige sind zur SPD gewechselt, andere haben sich keiner Partei mehr angeschlossen. Ich habe sie enttäuscht, weil ich blieb. Ich stand innerparteilich plötzlich zwischen zwei Fronten – zwischen denen, die dem sozialliberalen Flügel der FDP ohnehin nicht freundlich gegenüberstanden, und den Sozialliberalen. Dennoch bin ich auf dem Parteitag 1982 zum stellvertretenden Bundesvorsitzenden gewählt worden, wenn auch mit der denkbar knappsten Mehrheit von einer Stimme. Das war für mich emotional eine schlimme und bis heute nachwirkende Erfahrung. Ich weiß, dass mir das bis heute noch einige Parteifreunde übel nehmen und nie verstanden haben, dass ich keine Alternative zu dieser liberalen Partei gesehen habe. Ein Ministeramt in der Regierung Kohl hatte ich abgelehnt. Aber unser Verbleiben in der FDP hatte eine weitere Krise, ein weiteres Absplittern vermieden. So konnten wir immerhin einen Teil der Mitglieder und der Wähler halten und sie weiterhin an die FDP binden.

Gab es Weichenstellungen in der deutschen Politik der letzten Jahrzehnte, die Sie noch heute bedauern oder für gefährlich halten?

Gefährlich sind die immer wieder auftretenden Tendenzen hin zu einer Gegenaufklärung. Vor diesen warnt Ralf Dahrendorf in seinem letzten Buch »Versuchungen zur Unfreiheit« aus dem Jahr 2006. Ich nenne besonders die Tendenz hin zu einer sicherheitspolitischen Aufrüstung. Ich nenne die menschenfeindliche Ausländer- und Asylpolitik, die Realitätsverweigerung gegenüber einer neuen multikulturellen Gesellschaft sowie die offen und latent bestehende Fremdenfeindlichkeit. Ich nenne die Defizite im Bereich der Bildung, der zweifelsfrei besten Ressource, die unser Land hat. Ich nenne die größer werdende Schere zwischen Arm und Reich; damit will ich sagen: Die Leistungsfähigkeit und die Menschlichkeit in unserer Gesellschaft stehen nicht in einem angemessenen Verhältnis. Zu nennen ist auch der Irrtum, dass zwischen persönlichem Vorteil und allgemeinem Wohl ein selbstverständlicher Einklang bestünde; die Perversion des »Raubtierkapitalismus« ist erneut der Beweis. »Sie hatten keine Idee, sie hatten den Markt« (Frank Schirrmacher), das war das Credo der Babyboom-Gesellschaft, geboren 1955–1970. Im Großen und Ganzen ist unsere Demokratie geglückt. Wir müssen aber wachsam und sensibel bleiben gegenüber den Gefährdungen der Freiheit.

Worin sehen Sie die größten Schwächen und Versäumnisse der bundesdeutschen Parteien im Hinblick auf eine lebendige und offene Demokratie?

Zunächst einmal, die Parteien sind nicht so marode, wie man sie gerne darstellt. Parteienkritik hat es immer gegeben. Schon zu Beginn der Bundesrepublik hatten sie eigentlich keinen guten Ruf. Wir befinden uns aber heute in einer Phase, in der Parteienkritik in Parteienverachtung umschlägt. Immer weniger Menschen verstehen, dass Parteien in der Demokratie eine unverzichtbare Rolle haben zum Beispiel im notwendigen Interessenausgleich untereinander. Für ihr schlechtes Ansehen tragen die Parteien Mitverantwortung. Sie neigen zu Selbstgerechtigkeit und Arroganz. Allzu oft haben Karrieristen und Klientelvertreter eine bestimmende Rolle. Es mangelt an Politikern mit Visionen und Idealen. Und an Politikern, die wirklich

»authentisch« sind. Die Parteien kommen einer wachsenden Sehnsucht der Bürger nach Mitwirkung viel zu wenig entgegen. Die Bürger wollen heute – gerade auch beflügelt durch die neuen Kommunikationstechnologien – stärker an politischen Entscheidungsprozessen teilnehmen, nicht erst und ausschließlich bei Wahlen. Die bewährte repräsentative Demokratie bedarf einer Auffrischung. Neue Formen der Willensbildung und der Beteiligung der Bürger müssen erprobt werden. Hierzu gibt die Piratenpartei durchaus Anstöße, die allerdings nicht durchweg praktikabel sind. Ihr Modell *»liquid democracy«,* wenn es auf eine ständige innerparteiliche Willensbildung hinausläuft, taugt dafür nicht. Die Gewählten dürfen aus ihrer Entscheidungsfreiheit und ihrer Verantwortung nicht entlassen werden. Politik braucht Beständigkeit und Zuständigkeit.

Sie selbst sind als politischer Denker und Mitgestalter des politischen Geschehens über viele Jahre sicher für manch jüngere Politiker und politisch Interessierte ein Vorbild. An wem haben Sie sich orientiert und warum?

Ich hatte das Glück, einen Lehrer, einen Mentor zu haben, der mich nicht nur früh in die Literatur, Kunst und Musik einführte, sondern auch in die Ideen der Aufklärung und in die Tradition der Freiheitsbewegungen in Deutschland: Adolf Grote. Ich erwähnte ihn bereits an früherer Stelle. Er veranlasste mich, auch die Nachtseiten der deutschen Geschichte zu sehen, die zum Verhängnis von 1933 geführt haben. Ich meine das gespaltene Verhältnis der Deutschen zur Freiheit. Deutschland hat permanent vor den Revolutionen der anderen Völker versagt. Thomas Mann sagt: »Der Grund ist, dass Deutschland nie eine Revolution gehabt und nicht gelernt hat, den Begriff der Nation mit dem der Freiheit zu vereinigen.« Die Deutschen hätten – so Karl Marx – niemals die Revolutionen der anderen Völker geteilt, wohl aber deren Restaurationen. Aus heutiger Sicht ist festzustellen, dass die friedliche Revolution 1989 in der DDR die erste und bisher einzige in der deutschen Geschichte war, die gelang.

In der Partei wurde ich geprägt von Vordenkern wie Karl-Hermann Flach, Ralf Dahrendorf und Werner Maihofer. Ich nenne aber auch Thomas Dehler, der mir als politische Persönlichkeit sehr imponierte, weil er wirklich ein unabhängiger liberaler Kopf war – auch wenn ich nicht alle seine Auffassungen teilte. Mit ihm hatte ich einen engen Gesprächskontakt. Und natürlich Hans-Dietrich Genscher, mit dem ich heute mehr denn je befreundet bin: Von ihm habe ich über all die Jahre viel gelernt.

Gibt es heute noch Persönlichkeiten mit Vorbildcharakter oder regiert Beliebigkeit und Selbstdarstellung. Brauchen wir überhaupt Vorbilder?

Tatsächlich brauchen wir Vorbilder. In unseren engeren Lebenskreisen finden wir immer wieder Menschen, die durchaus Vorbildcharakter haben. Sie müssen nicht prominent sein. Zum Beispiel ein Pfarrer in der Kölner Südstadt, der sich für Obdachlose und Asylanten engagiert. Oder ein ehemaliger RAF-Terrorist, der versucht, straffällig gewordenen Jugendlichen in Köln den Weg zurück in die Gesellschaft zu ebnen. Oder eine Frau, die sich seit Jahrzehnten im Auftrag der Kirche aufopferungsvoll für die Menschen im krisengeschüttelten Sudan und für einen dauerhaften Friedensprozess einsetzt. Diese Menschen haben in ihrem Lebenskreis prägende Wirkung. Sie sind der Humus einer freien Gesellschaft. Das sind die eigentlichen Vorbilder, die dann andere Leute mitziehen und motivieren.

Welche Begegnungen in Ihrem politischen Leben haben die tiefsten Spuren hinterlassen?

Das Zusammentreffen mit Nelson Mandela bei einem der zahlreichen Besuche in Südafrika gehört sicherlich dazu. Aber wichtiger noch waren für mich die Begegnungen mit unbekannten Freiheitskämpfern. Zum Beispiel mit Dissidenten in Moskau, mit Bürgerrechtlern in der DDR, mit Vertretern der Charta 77 in Prag. Und heute: mit Menschenrechtsverteidigern im Sudan, Iran, in den arabischen Ländern und in China.

Verbindet diese Personen etwas? Charisma, Mut?

Diese Personen verbindet der Mut zur Freiheit unter schwierigen Umständen, mit Gefahren für ihr eigenes Leben und das ihrer Familien. Diesen Mut, sich in einem Unrechtsregime zur Freiheit zu bekennen, den habe ich immer bewundert. Das waren die besten Begegnungen, die ich in meinem Leben hatte.

DANK

Matthias Franck hatte die Idee zu diesem Buch. Er war der Anreger und auch der Motor, die Idee sofort in die Tat umzusetzen. Er plante die Struktur, den Ablauf und entwarf die Dramaturgie. Es folgten viele Sitzungen mit höchst lebendigen Gesprächen. Er zwang mich zum Erinnern. Dank Ihnen, Matthias Franck, für Ihre produktive Neugierde! Und den Verleger brachten Sie gleich mit: Herzlichen Dank, Martin Scherer, dass Sie sich auf dieses Buchabenteuer eingelassen haben!

In besonderer Weise danke ich meiner Ehefrau Renate. Sie hat gemeinsam mit mir die Last der redaktionellen Feinarbeit auf sich genommen. Es war eine Zeit der intensiven und auch herausfordernden Zweisamkeit, eine gemeinsame Entdeckungsreise in die tiefen Verzweigungen meiner Vergangenheit – ein Gewinn für unsere nun gut 20 Jahre währende Partnerschaft. Renate habe ich dieses Buch gewidmet.

Michael Kötzel danke ich für die geduldige und behutsame Lektoratsbegleitung.

ANHANG

Gerhart R. Baum

CURRICULUM VITAE

Geboren 1932 in Dresden. Nach Zerstörung der Stadt 1945 Flucht nach Bayern (Tegernsee). Seit 1950 wohnhaft in Köln. Dort Abitur und Studium der Rechte sowie Beginn der anwaltlichen und politischen Tätigkeit.

POLITIK

Seit 1954	Mitglied der Freien Demokratischen Partei (FDP)
1966–1968	Bundesvorsitzender der FDP-Jugendorganisation
1972–1994	Mitglied des Bundestages, ab 1982 u.a. Sprecher für Umwelt- und Kulturpolitik sowie für Menschenrechte
1972–1978	Parlamentarischer Staatssekretär im Innenministerium
1978–1982	Bundesinnenminister (zuständig u.a. für Innere Sicherheit, Umweltschutz, Reaktorsicherheit, Kultur, Sport, Öffentlicher Dienst, Katastrophenschutz, Datenschutz, Medienpolitik, Kommunalpolitik)

MENSCHENRECHTSARBEIT (SEIT 1992)

1992–1998	Leiter der deutschen Delegation in der UNO-Menschenrechtskommission, Genf
1993	Leiter der deutschen Delegation auf der Menschenrechtsweltkonferenz in Wien
2001–2003	UNO-Sonderberichterstatter für die Menschenrechte im Sudan
seit 2003	Mitglied im Kuratorium Stiftung Menschenrechte, Förderstiftung amnesty international, Förderkreis Komitee Cap Anamur

seit 2006 Mitglied im Advisory Committee der internationalen Menschenrechtsorganisation Human Rights Watch

AKTIVITÄTEN ALS RECHTSANWALT – U.A.:

1962–1972 Mitglied der Geschäftsführung der Bundesvereinigung der Deutschen Arbeitgeberverbände, Köln und Brüssel

seit ca. 1990: Vertretung von Opfern nach Verkehrskatastrophen (u.a. Lockerbie, Ramstein, Concorde)

Vertretung der russischen Zwangsarbeiter, Vertretung geschädigter Finanzanleger

Berater in Osteuropa, vor allem Russland, u.a. Beratung der russischen Regierung zur rechtlichen Neuordnung des Verkehrswesens (1990–2002)

Berater deutscher Firmen in Südosteuropa

Beirat Transparency International

Mitinitiator der Verfassungsbeschwerden gegen den sogenannten Großen Lauschangriff, gegen das Luftsicherheitsgesetz, gegen das sogenannte Online-Gesetz, das BKA-Gesetz und gegen die Vorratsdatenspeicherung

Baum ist Seniorpartner in der Düsseldorfer Kanzlei »baum, reiter & collegen«, deren Tätigkeitsschwerpunkt in den Bereichen Bank- und Kapitalmarktrecht, Gesellschafts- und Arbeitsrecht, Datenschutzrecht liegt.

Ermittler in den Datenaffären bei Bahn und Telekom

BUCHVERÖFFENTLICHUNGEN – U.A.:

Das Auf und Ab der Liberalen von 1848 bis heute, Gerlingen 1983

Deutsche Innenpolitik. Der Staat auf dem Weg zum Bürger, Berlin 1980

Menschenrechtsschutz in der Praxis der Vereinten Nationen (Hrsg.), Baden-Baden 1998

Rettet die Grundrechte! Bürgerfreiheit contra Sicherheitswahn. Eine Streitschrift, Köln 2009

Abkassiert. Die skandalösen Methoden der Finanzbranche; gemeinsam mit Julius Reiter und Olaf Methner, Reinbek 2009

Darüber hinaus zahlreiche Einzelveröffentlichungen und kleinere Beiträge (siehe www.gerhart-baum.de)

VERSCHIEDENE EHRENAMTLICHE AUFGABEN IM BEREICH DER KULTUR – U.A.:

1995–2002	Sprecher der Privatinitiative Kunst
seit 1998	Vorsitzender der Kunstinitiative »Fuhrwerkswaage«, Köln
seit 2000	Vorsitzender des Kuratoriums Musik der Jahrhunderte, Stuttgart
seit 2005	Vorsitzender des Kulturrates NRW

AUSZEICHNUNGEN UND PREISE:

2008	Theodor-Heuss-Preis
2009	Erich-Fromm-Preis
2010	Giesberts-Lewin-Preis der Kölnischen Gesellschaft für Christlich-Jüdische Zusammenarbeit
2012	»Silberne Stimmgabel« des Landesmusikrats Nordrhein-Westfalen
2012	Preis der Arnold Freymuth-Gesellschaft

ZUM WEITERLESEN – EINE AUSWAHL:

Amnesty International – Report 2012. Zur weltweiten Lage der Menschenrechte, Frankfurt am Main 2012

Analysen zum Terrorismus, Herausgegeben vom Bundesminister des Innern, 4 Bde., Opladen 1981–1984

Bommarius, Christian, Das Grundgesetz. Eine Biographie, Berlin 2009

Der Bundesbeauftragte für den Datenschutz und die Informationsfreiheit (Hrsg.), 23. Tätigkeitsbericht zum Datenschutz für die Jahre 2009 und 2010, Bonn 2011

Dahrendorf, Ralf, Versuchungen der Unfreiheit. Die Intellektuellen in Zeiten der Prüfung, München 2008

Darmstädt, Thomas, Der globale Polizeistaat. Terrorangst, Sicherheitswahn und das Ende unserer Freiheiten. Ein SPIEGEL-Buch, München 2009

Diewald-Kerkmann, Gisela, Frauen, Terrorismus und Justiz. Prozesse gegen weibliche Mitglieder der RAF und der Bewegung 2. Juni, Düsseldorf 2009

Gauck, Joachim, Freiheit. Ein Plädoyer, München [6]2012

Habermas, Jürgen, Der gespaltene Westen. Kleine politische Schriften X, Frankfurt am Main 2004

Habermas, Jürgen, Ach, Europa. Kleine politische Schriften XI, Frankfurt am Main 2008

Habermas, Jürgen, Zur Verfassung Europas. Ein Essay, Berlin 2012

Heitmeyer, Wilhelm (Hrsg.), Deutsche Zustände. Folge 10, Berlin 2011

Huster, Stefan/Rudolph, Karsten (Hrsg.), Vom Rechtsstaat zum Präventionsstaat, Frankfurt am Main 2011

Keitel, Ulrich, »Sehr geehrter Parteifreund …«. Parteiinterne Rundbriefe gegen alte Nazis, Frankfurt am Main 2001

Kraushaar, Wolfgang (Hrsg.), Die RAF und der linke Terrorismus, 2 Bde., Hamburg 2006

Kurz, Constanze/Rieger, Frank, Die Datenfresser. Wie Internetfirmen und Staat sich unsere persönlichen Daten einverleiben und wie wir die Kontrolle darüber zurückerlangen, Frankfurt am Main 2011

Mayer, Hans, Wendezeiten. Über Deutsche und Deutschland, Frankfurt am Main 1993

Meckel, Miriam, Next: Erinnerungen an eine Zukunft ohne uns, Reinbek 2011

Möllers, Christoph, Demokratie – Zumutungen und Versprechen, Berlin 2008

Papke, Gerhard, Liberale Ordnungskraft, nationale Sammlungsbewegung oder Mittelstandspartei? Die FDP-Landtagsfraktion in Nordrhein-Westfalen 1946–1966

Prantl, Heribert, Verdächtig. Der starke Staat und die Politik der inneren Unsicherheit, Hamburg 2002

Rawls, John, Eine Theorie der Gerechtigkeit, Frankfurt am Main 1979

Rawls, John, Politischer Liberalismus, Frankfurt am Main 2003

Schirrmacher, Frank, Payback. Warum wir im Informationszeitalter gezwungen sind zu tun, was wir nicht tun wollen, und wie wir die Kontrolle über unser Denken zurückgewinnen, München 2009

Steinbeis, Maximilian/Detjen, Marion/Detjen, Stephan, Die Deutschen und das Grundgesetz. Geschichte und Grenzen unserer Verfassung, München 2009

Winkler, Heinrich August, Geschichte des Westens. Die Zeit der Weltkriege 1914–1945, München 2011

Winkler, Heinrich August, Geschichte des Westens. Von den Anfängen in der Antike bis zum 20. Jahrhundert, München 2012

Winkler, Willi, Die Geschichte der RAF, Berlin 2007

Wolfrum, Edgar, Die geglückte Demokratie. Geschichte der Bundesrepublik Deutschland von ihren Anfängen bis zur Gegenwart, Stuttgart 2006

BILDNACHWEIS

1–6 © Gerhart Baum.

7 Gerhart Baum mit dem damaligen Bundesaußenminister und späteren Bundespräsidenten Walter Scheel, Jungdemokraten-Kongress, Bad Honnef, 08.02.1974. © J.H. Darchinger/Friedrich-Ebert-Stiftung

8 Gerhart Baum, Bundesminister des Innern, mit Tochter Julia bei einem Spaziergang im Stadtwald, umgeben von vier Sicherheitsbeamten, Köln, 21.08.1978. © J.H. Darchinger/Friedrich-Ebert-Stiftung

9 Guenter Verheugen (damaliger Generalsekretär), Gerhart Baum und Hans-Dietrich Genscher (Damaliger Vorsitzender der FDP) beim Parteitag, Mainz, 12.11.1978. © J.H. Darchinger/Friedrich-Ebert-Stiftung

10 Bundeskanzler Helmut Schmidt mit Bundesinnenminister Gerhart Baum, SPD, 08.06.1978. © picture alliance/dpa

11 Gerhart Baum erholt sich bei Kunstgenuss, ca. 1980. © Globus Media, Köln

12 SPIEGEL-Streitgespräch mit Bundesinnenminister Gerhart Baum und Horst Mahler, ehem. Rechtsanwalt, Berlin, 31.10.1979. © J.H. Darchinger/Friedrich-Ebert-Stiftung

13 Bundesinnenminister Gerhart Baum sitzt neben Bundesaußenminister Hans Dietrich Genscher im Plenarsaal des Deutschen Bundestags, 17.01.1980. © picture alliance/dpa

14 Bundespräsident Karl Carstens (2.v.l) überreicht am 17.09.1982 im Beisein von Bundeskanzler Helmut Schmidt (1.v.l) den zurückgetretenen FDP-Ministern (v.l.n.r.) Hans-Dietrich Genscher, Gerhart Baum, Otto Graf Lambsdorff und Josef Ertl die Entlassungsurkunden. © picture alliance/dpa

15 Hildegard Hamm-Brücher (MdB) mit Gerhart Baum am Rande einer FDP-Fraktionsvorstandssitzung, Bundeshaus, Bonn, 06.06.1984. © J.H. Darchinger/Friedrich-Ebert-Stiftung

16 Ralph Dahrendorf mit Gerhart Baum beim FDP Parteitag, Hannover, 23.05.1986. © J.H. Darchinger/Friedrich-Ebert-Stiftung

17 Burkhard Hirsch, Vizepräsident des Deutschen Bundestags a.D., und Gerhart Baum bei einer Anhörung vor dem Bundesverfassungsgericht in Karlsruhe, 09.11.2005. © picture alliance/dpa

18 Burkhard Hirsch, Bundesministerin Sabine Leutheusser-Schnarrenberger und Gerhart Baum im Bundesverfassungsgericht in Karlsruhe, 10.10.2007. © picture alliance/dpa

19 Kofi Annan im Gespräch mit Gerhart Baum, New York, 04.11.2002. © UN/DPI, Foto Eskinder Debebe

20-23 Feier zum 75. Geburtstag von Gerhart Baum u.a. mit Hans-Dietrich Genscher, Ehepaar Kinkel, Guido Westerwelle und Guenter Verheugen, 28.10.2007. © Gerhart Baum

24 Dankrede anlässlich der Verleihung des Theodor-Heuss-Preises in der Theodor-Heuss-Stiftung Stuttgart, 12.04.2008. © Susanne Kern/Theodor Heuss Stiftung

25 Bei Verleihung des Theodor-Heuss-Preises mit Alt-Bundespräsident Richard von Weizsäcker. © Susanne Kern/Theodor Heuss Stiftung

26 Hans-Dietrich Genscher, Gerhart Baum und Prof. Dr. Julius Reiter bei Galeriefest 2009 in Köln © Kanzlei baum, reiter & collegen

27 Gerhart Baum und Kollegen seiner Kanzlei bei einer Veranstaltung in Detmold, 17.03.2010. © Sven Koch, Lippische Landes-Zeitung

28 Der frühere sowjetische Präsident Michail Gorbatschow, Hans-Dietrich Genscher und Gerhart Baum nach der Verleihung des »Dresden-Preises«, Dresden, 14.02.2010. © picture alliance/dpa

29 Christian Lindner und Gerhart Baum in der Kanzlei baum, reiter & collegen, Mai 2012. © Kanzlei baum, reiter & collegen

30 Gerhart Baum mit Ehefrau Renate Liesmann-Baum bei der der Verleihung des Theodor-Heuss-Preises. © Susanne Kern/Theodor Heuss Stiftung